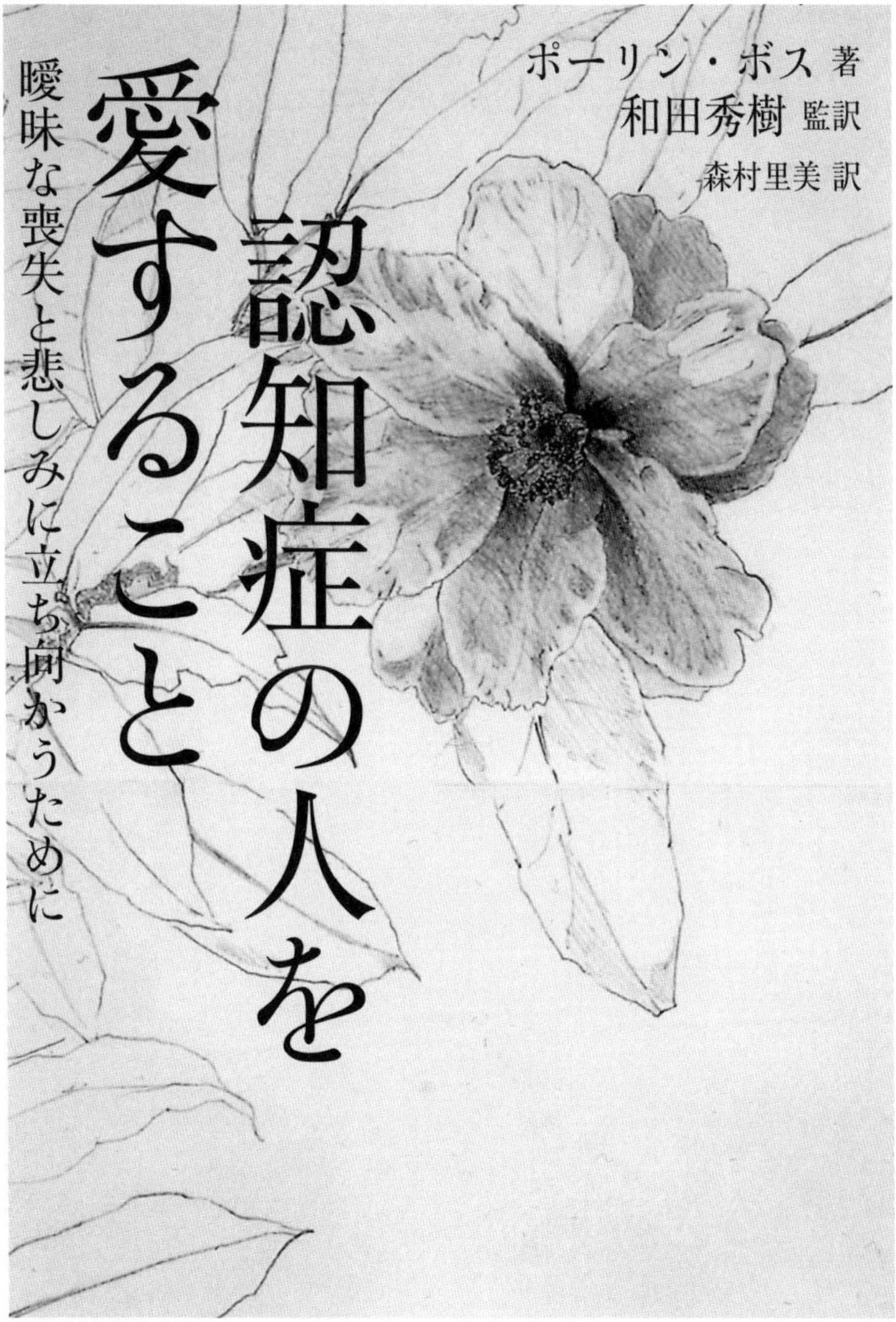

認知症の人を愛すること

曖昧な喪失と悲しみに立ち向かうために

ポーリン・ボス 著
和田秀樹 監訳
森村里美 訳

誠信書房

Loving Someone Who Has Dementia: How to Find Hope While Coping with Stress and Greif
by Pauline Boss

まえがき

認知症の家族の方に向けて本を書きたいという思いが頭をよぎることはしばしばあったのですが、学者や専門職の人のための執筆に忙しい日々を送っていました。退官教授とはいえ、他にもいろいろな選択肢があったのですが、留守番電話に残されたこのメッセージが、私の背中を押しました。

予約をしたくてお電話いたしました。先生に伺いたい質問は基本的に一つだけです。（長い間《ま》。それから疲れた悲しげな声で）介護する側はどうやって自分自身の面倒を見ればいいのでしょうか……やることが大変過ぎまして……人の世話ばかりするのに……（再びの間）答えがいただけるなら何でも差しあげたいくらいです。

この言葉を聞いて、介護に携わるすべての皆さんが、その苦悩に満ちた疑問についての答えを得る権利があるのだという考えが、私の中で固まりました。とは言うものの、心の治療を受ける時間も余力もない人が多いのが現状です。そこで、「介護をこなしながら、どうしたら自分の面倒まで見られるのだろうか」と、同じように自分に問い掛ける状況にある無数の皆さんに向けて本書を書いています。

介護という労働が、皆さんの健康を害する可能性を持つという調査結果がいくつも出ています。高齢化社会において、介護が公衆衛生上の問題になっているのもうなずけます。私たちのような介護に携わっていない者が、手を尽くして皆さんを支えることが急務なのです。

本書は、このことを目指して書くものなので、日々の介護の仕方については触れません。愛する認知症の人との関係に、意味と希望を見出すための新しい道をお伝えするためです。あなたが復元力《レジリエンス》——ストレスを感じ悲嘆しながらも、耐えて一層強くなる力——を高めるお手伝いをするのが、本書の目標です。

本書では、家族の一員があなたにとって、存在していながら不在であるという状況に対して、ストレスを軽減してくれるある新しい視点、そしてその理論に特別の焦点を当てています。この新しい理論に基づいた視点を得ることになった着想がどこから来たかをお話しします。

一九七〇年代初め、ウィスコンシン大学マディソン校の博士課程において、精神科医のカール・ウィテカーの下で家族療法を研究していた私は、問題を抱える子どもの家庭では、父親が心理的に不在であることが多いのに気付きました。そうした父親は、いるにもかかわらず、いない状態であり、彼らの口からは、子どものことは母親の仕事であり、自分は関係ない、自分は仕事をやる必要がある、それがわからないのかという文句が出ていました（七〇年代初期の父親は大概そう訴えていた）。もちろんウィテカーは、その言い分に同意しませんでしたし、私も同様でした。

比較的早いうちに、父親に限らずどの家族でも、身体的に存在しながら心理的に不在である場合があるとわかってきました。社会学のセミナーで、またウィスコンシン大学マディソン校で、このような曖昧《あいまい》な喪失についての理論を展開し始めました。一九七五年には、それを博士論文のテーマとしました。ベトナム戦争において、戦闘中に行方不明になったままの飛行士の家族に着目しました。曖昧《あいまい》な喪失が、物理的に起きているタイプのものです。

一九八〇年代になり、今度はミネソタ大学の一教授として、曖昧《あいまい》な喪失の理論を再び検証しました。今回の対象となったのは、アルツハイマー病に罹《かか》った愛する家族を介護する人々です。こちらは、心理的なタイプの曖昧《あいまい》な喪失でした。それ以来、調査と臨床を通じて、ある人が心理的に不在、つまり、愛する人は物理的には目の前にいても、心理的にはいなくなっているという場合に、それが人間関係に及ぼす影響を研究し続けています。

学生に教え、調査を行ない、臨床業務に携わるだけでなく、認知症のために心理的にいなくなってしまった家族を抱える人たちに対して働く専門職の人のみならず、物理的に生きているのか死んでいるのかわからない喪失体験をしている家族（九・一一の同時多発テロ後のニューヨーク、紛争に揺れたコソボ、ハリケーン「カトリーナ」に襲われたメキシコ湾岸、ハイチ地震後のマイアミのように）に対して仕事をする専門職の人たちのトレーニングをしてきたのです。より多くの文化の壁を越えるための指針を掲げられるような考えを、皆で発信し続け、専門職の人たちへのトレーニングを今も続けています。

現在、調査は主に第二世代の研究者たちによって実施されています。ミネソタ大学で共に学んだ人たちも含まれており、多くの研究者が世界中で、様々な文化における曖昧《あいまい》な喪失の理論の検証を行なっています[1]。これは私にとってこの上ない幸せです。

二〇〇九年冬の初めに、問題が何なのか理解することができれば、その問題への対処が容易になるという長年の信念に突き動かされて、本書を書き始めました。曖昧《あいまい》な喪失の理論は、そうした信念の上に成り立っています。

一年が過ぎ、再び雪が舞っています。愛する認知症の人の介護を今も続ける無数の人々にとって、ストレスに次ぐストレスの最中にも、このような有り難い静寂のひとときが訪れます。本書とそこに込められた考え方が、意味と希望を求めるあなたの役に立つものとなりますように。

二〇一〇年十二月

ミネソタ州セントポール

ポーリン・ボス

目次：認知症の人を愛すること――曖昧な喪失と悲しみに立ち向かうために

序章

アメリカには一つの大きな問題があります。二〇一一年の時点で、五四〇万人のアメリカ人がアルツハイマー病を患っています。[1] 不可逆的な認知症を引き起こす他の病気や状態を含めるなら、人数はさらに増えます。アメリカでは、六九秒毎に一人が、アルツハイマー病を発症しています。[2] 二〇五〇年までに、その割合は三三秒毎に一人になると推測されています。[3] 言い換えると、アルツハイマー型または他のタイプの認知症と無関係でいられる家族は、現在少数であり、今後ますます少なくなるでしょう。

男性より女性が、数多く認知症に罹《かか》るのは、主に女性の寿命のほうが長い傾向にあるためです。[4] 他に、人種や民族性、教育水準、地域によっても、認知症の罹患率に差があります。[5] 一方で、それらにかかわらず変わらない事実があります。認知症の増加は、その種類（もしくは原因）にかかわらず、介護者数の増加を必要とすることです。研究者たちの報告を見てみましょう。

二〇一〇年の時点で、アメリカ国内において、一四九〇万人が無償で介護をしています。[6] 予想がつくと思いますが、その六〇パーセントは女性、つまり、妻、娘、義理の娘、孫娘、そして女性の友人でした。[7] さらに驚くべきは、標準的な介護者の年齢がかなり若いことです。アルツハイマー病協会による二〇一一年の報告では、介護者のうち六七パーセントが、三十五歳〜六十四歳の人たちでした。多数を占めるこのグループの外側に、非常に若い介護者（三十五歳未満が一〇パーセント）と高齢の介護者（六十五歳以上が二三パーセント）

がいます。[8] 認知症の人の介護に関して、妻と娘がその大半を占めています。自らの健康や安寧に、介護による負の影響を最も受けているのも彼女たちだという調査結果が出ています。[9]

介護者の中には、自分がいわゆる「サンドイッチ世代」に当てはまると気づく人が少なくありません。子どもと高齢の親の両方を同時に世話しているのです。若い世代と老いた世代に気を配り、そこにおそらくは結婚生活も加わります。このような介護者は、考える間もなく四方八方から引き裂かれ、時間に追われ、どちらにも尽くさないといけないと格闘していることでしょう。これでは強い不安と極度のストレスを感じるのが当然です。

あなたの愛する人が認知症なら、本書を通して、意味と希望を見出す心の旅を体験することができます。なぜ認知症がそこまであなたを混乱させ、ストレスを感じさせるのか、その理解を助ける考え方から始め、その後、問題に対処し、復元力《レジリエンス》を保てるようになるための指針を示します。一貫して私が訴えているのは、完璧でなくていいという関係を受け入れると、あなたの人間性が深まるということです。

最初に、認知症がもたらすユニークな種類の喪失――《曖昧《あいまい》な喪失》と私が呼ぶ――にいかに意味を見出すかということに焦点を当てます。認知症は、曖昧《あいまい》な（不明瞭な）喪失の最たるものです。愛する人がここにいるのと同時にいないのですから、この喪失は、特に理解が難しいものです。家に見知らぬ人がいるかのようで、以前の関係がこんなに深いレベルで変わってしまうのです。不明瞭で、終結の見通しがないままでは、不安定で、嘆くことも納得することもできません。いることといないことの辻褄《つじつま》が合わないため、曖昧《あいまい》な喪失がもたらすストレスは、他の喪失に比べて最も強いと言っていいほどです。私の所に相談に訪れる人々は、家族の誰かが亡くなったほうがまだ苦しみが少ないかもしれないと言います。死に曖昧《あいまい》さはないので、こちらのほうが意味を見出しやすいのです。

誰のための本か

本書は、何らかの種類の認知症を患う人を介護する、あるいは認知症の人に関心を持つ人に向けて書かれています。日常的に自らの手で介護している、または遠距離介護をしている、そんなあなたのための本です。認知症の人のことを考えて悲しみと不安を感じている、そんなあなたにもぜひ読んでほしい本です。また、介護者の喪失体験の複雑さと、それに対して何ができるかを考える手がかりを探す皆さん――介護者の友人や親類、聖職者、医療専門職の人――のための本でもあります。

高齢化社会においては、私たち誰もが、介護する側または介護される側にいつなるかわかりません。他人事ではないのです。治療法が確立するまで、認知症はその原因が何であれ、二十一世紀にも蔓延し続ける病いです。私たちみんなが共にその影響下にあります。

現在私たちは、少し距離を置いて、認知症の人やその人たちを介護する人のことを見聞きしています。ごく身近にそういう人がいたとしても、多くの人は目を逸《そ》らし、どのくらいの頻度でそれが起こるのかに気づこうとしません。私たち全員がもっと目を向け、介護の重要性を理解するようにならなければ、ものすごい労力によって、できる限り長く認知症患者を家庭で介護しようとしている人たちを軽んじ、孤立させたままにしてしまいます。

最近まで、家族の中で誰か一人に介護の仕事を担わせ（そこで「主たる」介護者という用語が使われる）、近所の人々も含め、残りの家族は自分なりの生活を続けていくという状況でした。「一日三十六時間」と言われる仕事に身を投じなくて済んでいることで、他の家族は安堵しているように見えます。(10) けれども、私たちすべてにとって、普段通る道や集会所、あるいは家族の中にいる介護者を認めてあげて、その働きに感謝し、直接助ける時が来ています。アメリカの諺では子どもが育つには村一つ分の人が必要だといいますが、まさに介護も同じことです。それは、とても一人の人間にできることではなく、無理をすれば身体を壊してしまいます。介護者の心身を危険に曝す原因になりやすいのは、その孤立です。認知症と異なり、この問題には解決への道があり、私たちにはもっとできることがあります。介護という仕事を理解するための努力をもっと心がけるべきでしょう。それが本書の目的なのです。

介護をする人たちは、友人や家族のために働く献身的な軍隊のようです。認知症の介護のほとんどを引き受け、報酬も見返りも受け取りません。在宅で介護する人たちは、認知症患者が介護施設で過ごす時間を減らすことを通じて、政府に（そして納税者に）何億円もの出費をしないで済むようにしているのです。私たちは彼らの貢献にもっと注目して良いのです。

政治家も地域の指導者も、近隣の人も友人も親類も、介護者の仕事を認めてあげる必要があります。そして、介護者がもっと社会的絆《きずな》を保てるように手を貸す必要があります。結局のところ、私たちが健康を保てるのは、人と繋《つな》がり合ってこそのことなのです。

どういう意味で「認知症」という言葉を使っているのか

原因が病気であれ怪我《けが》であれ、認知症とは、記憶や思考、推理や判断の能力が失われていく脳の症状です。徐々に日常生活の簡単な動作、たとえば着替えや食事や排泄にも介助が必要になります。認知症自体が一つの病気ではなく、むしろ、様々な病気や状態から起きる症状の集合体と言えます。そうした病気のうち、最も頻度が高いのが、認知症の半数以上の原因である不治の病い、アルツハイマー病です[11]。認知症はその人のパーソナリティや気分や言動を変化させるので、現在の人間関係に緊張をもたらします。このように、認知症は単に生理的な症状に留まりません。それは、患者を世話し、患者を気遣う人に強い影響を与える関係性の症状でもあるのです。

本書のテーマに関わってくるのが、最も度がひどく、長期に渡る曖昧《あいまい》さとストレスを介護者にもたらす不治の病いであるというファクターです。認知症には、現在およそ五十の原因が数えられますが、そこには、治療可能なものと、そうでないものとがあります。本書では、現在治療法が確立していないもの——なかでも、アルツハイマー病、血管性認知症（微小だが多発性の脳血管障害）、レビー小体型認知症、前頭側頭型認知症、ハンチントン病、パーキンソン病、エイズ認知症コンプレックス、クロイツフェルト・ヤコブ病（俗称「狂牛病」）他——に限って話を進めます[12]。

解決策がないからこそ、認知症のケースでは、人間の復元力《レジリエンス》の研究が差し迫った課題となっているのです。愛する人が心理的にすでにいない、しかし物理的にはまだそばにいる時、人はどう暮らしていけば良いのでしょうか。治療法がなく、死をもって完了するなら、不安な影に覆われた認知症の世界で人はどう生きれば良いのでしょうか。こうした問いにあとの章で答えていきます。

話を先に進める前に、やはり認知症の原因となり得る外傷性脳損傷について少し触れておきます。これは中東で戦ったアメリカ兵にとって特徴的な外傷のことですが、よく考えた結果、本書ではこの外傷性脳損傷に関わる曖昧《あいまい》な喪失について取り上げないことにしました。理由は、進行性の認知症が、必ずしも外傷性脳損傷の結果ではないことと、比較的若い患者とその配偶者や親と、高齢の患者とその家族とでは、その力動や人生における発達の段階が違うものであるということからです。イラクやアフガニスタンで負傷した若者の家族にセラピーを行なってきた中で、その違いの大きさを実感しています。彼らは人生の後半を生きる家族ではありません。心身にひどい傷を負った人がいても、力を合わせて人生を築いていこうとする若い家族なのです。認知症の家族と共通する内容もありますが、彼らを取り上げるのは一冊の本にする価値があります。

本書をなぜ書いているのか

どの段階であれ、認知症は誰にとっても辛い体験となりますが、自分の運命は自分で決めたいと考える人にとって特にストレスが高まります。何かにつけコントロールできるということに慣れている私たちですが、認知症の前では無力です。それでも気持ちを軽くする方法があります。認知症の制圧はできなくても、状況の捉え方と対処の仕方には自分でコントロールできる可能性が残されています。そこに、介護者にとって希望の窓があります。

私は厳密には団塊の世代《ベビーブーマー》に入りませんが、問題に対しては解決を見付けるものだという考えに慣れた、この「為せば成る」世代の人々とは関わりを持っています。スイス系アメリカ人のプロテスタントである大学教授として、その社会的背景から、充分な努力をすれば何事も解決できると信じていた私もまた、愛する者たちが不治の病いで息を引き取っていく姿を前にして、無力感に苦しんできました。認知症の祖母、ポリオの弟、癌《がん》の姉を看取りました。今日、ポリオは予防できますし、癌《がん》の治療法は進歩しました。それでもなお、私たちは解決できない問題に直面しています。認知症もその一つです。こうした種類の喪失を前にした無力感を和らげる方法はいろいろとあります。それを皆さんにお伝えしていきます。具体的な介護法の本を提供するのでなく（すでに多くの良書がある）、それを通して見れば、皆さんが状況の意味を理解することができる、新しいレンズを開発してきたつもりです。そのレンズを使えば、何とか対処することができ、さらに、認知症と歩む旅に向けて自分が強くなったように感じることができるのです。

本書の読み方

本書は、一人でも、グループでも読めるように書かれています。他の人々と話し合うためと同様、自己省察のためのガイドを務めます。各章は独立していて、それぞれにテーマがありますので、お好きなように読み進めてください。各テーマが関連し合って全体の流れを構成していますが、忙しかったり疲れていたりする場合は、どこか一章だけを選ぶのも良いでしょう。長く苦しい旅になりがちな状況に対して、役に立ち、心を落ち着かせる情報を見付けられるように願っています。

認知症を引き起こす病気や状態については触れませんし、医学的な治療法についても話題にしないことをご了解ください。ここで扱うのは、そういうものではなく、愛する人が認知症を抱える時、その人との関わりにおいてあなたが直面する様々な課題です。

各章の概略を書いておきましょう。どの部分に自分が焦点を当てて読んでいくかを判断するための手助けになると思います。

第1章「認知症がもたらす曖昧《あいまい》な喪失——失っていくことと生き続けることがいかに共存するか」では、

曖昧《あいまい》な喪失とは何か、それがどうあなたと関わってくるのか、そのためになぜ気分が沈み、不安になるのかを説明します。

第2章「喪失と悲嘆が引き起こす複雑な問題」では、解決のない喪失が、解決のない悲嘆を招くことを明らかにします。あなたに知ってほしいのは、複雑性悲嘆というものが起きるのは当然のことだということです。あなたに責任はありません。複雑性悲嘆は曖昧《あいまい》な喪失によって起きます。ここで扱うのは、認知症がその喪失の原因である場合であり、特別な形の悲嘆が必要になるということです。

第3章「ストレスと対処と復元力《レジリエンス》」は、あなた自身のストレスの問題について、より具体的にその正体を見つけ出すのに役立つことでしょう。ここを通過できれば、あなたは対処の段階に入れます。問題が何かがわかれば、扱いが可能になるものです。その方法については、介護者自身が何を信じ、何に価値を置くかによって変わってきます。

第4章「終結という神話」では、認知症と歩むあなたにとって、終結を目指すのは誤りである理由と、終結を考えずに穏やかに日々を送る多くの人々から学べることをお話しします。介護者の多くが、曖昧《あいまい》さと戦うのではなく、それを受け入れています。そうした人たちから、曖昧《あいまい》さと不確かさと共に生きることについての知恵が数多く示されるのです。

第5章「心の家族」では、血の繋《つな》がった家族に加えて、心の家族を持つことができるということと、こうした心の家族は、あなたが孤独を感じたり、孤立したり、打ちのめされたりした時、とても慰めとなるという考え方を紹介します。

第6章「家族の儀式と祝い事と集い」では、介護を担うあなたが、どのようにして他の人々との絆を保てるかに焦点を当てます。人と人との絆が、幸福には欠かせない要素です。そして、儀式はそうした絆を定期的なものにするための一つの手段なのです。

第7章「七つの指針――認知症と歩むために」は、本書の核心と言えます。認知症との長く苦しい旅において、あなたの進むべき道を見出すための指針が示されています。私は秘訣でも原則でもなく、指針という言葉を用いています。それぞれに信条や価値観が異なる、より広範な多様性を持つ家族や介護者に、役立ててもらえるものにしたいからです。

第8章「美味なる曖昧《あいまい》」は、認知症の曖昧《あいまい》さの肯定的な面に光を当てました。苦渋を美化するのでなく、良い面に目を向けると、ある程度のコントロールができている感覚が戻り、ある程度の恐れが取り除かれるものです。

第9章「ほどほどに良い関係」では、「ほどほどに良い」関係があれば、良しと言えるのではないかと提案しています。現実に目を向ければ、私たちのほとんどが、すでにそうした関係の中に生きています。愛する人たちが、物理的にも心理的にも完全に存在している状況は稀《まれ》です。この「ほどほどに良い」関係の体験が、今認知症の人を前に、さらに極端な状況を体験しているあなたの支えとなるのです。


各章では、別個の問題を扱っていますが重複する部分もあります。そのため、内容を振り返るように一つの章を読むこともできますし、一度に一つの章だけを読んでもわかるようにもなっています。本書全体に共通するテーマは、相手との関係が変化しても、意味を見出すことは可能だということです。いったんこれを理解すれば、認知症による曖昧《あいまい》な喪失から来るストレスを抱えながらも、新しい希望と安らぎを見出すのはそう難しくなくなるはずです。

謝辞

治療や調査に際して、一対一で、または夫婦や家族揃《そろ》って、たくさんの話を聞かせてくださった何千人もの皆さんに心から御礼申し上げます。復元力《レジリエンス》について、曖昧《あいまい》さと困難の渦中でそれをどう見出すかについて、私に教えてくれたのは皆さんです。特に、私が治療に関わった認知症の患者さんを介護する多くの方々に感謝します。あなた方のおかげで、本書の執筆を決めることができました。

次の皆さんにも感謝します。

ミネソタ大学「ウェイン・キャロン家族介護センター」の支援グループとティム・ハーパーからは、本の企画原案について、意見をもらいました。

私の著作権代理人であるジェイムズ・レヴィンは、学術の世界から一般の人々に向けての執筆活動へと、私が移行できるよう導いてくれました。

ジョシー・バス／ワイリー社のアラン・リンズラー、ナナ・トゥワマシ、マージョリー・マカネニーは、本書に大きな情熱を注いでくれました。ナナは熟練の腕を振るい、忍耐強く編集に取り組んでくれました。また、進行管理を担当したキャロル・ハートランド、原稿整理を担当したミッシェル・ジョーンズの両編集者は、卓越した技能で作業に当たってくれました。

バーバラ・シダース、ドロシア・トルステンソン、レベッカ・サリヴァン、アン・シェフェルズ、ロレイン・ボーリュー、ダイアン・パパリア、キャリー・シャーマン、モナ・フラキ、コニー・スティール、キャロル・リッグズ、エレイン・モーガン、ダドリー・リッグズの皆さんは、専門職あるいは介護者の立場から、初期段階の原稿を読み、貴重な意見をくれました。また、ケイト・マリガンの意見も役立ちました。長年の助手であるキャロル・マリガンを抜きにしては、この仕事を成し遂げられなかったでしょう。彼女の技能の確かさと細やかさに支えられて、これまでの著作を世に送り出すことができました。特に、本書について、強くそれを感じます。

最後に、愛する夫と子どもたち、そして孫たちに感謝します。日々変わらないその支援と愛情のおかげで、執筆という本来孤独な作業をやり遂げることができるのです。

第1章

認知症がもたらす曖昧《あいまい》な喪失
——失っていくことと生き続けることがいかに共存するか

一流の知性である証しとは、相反する二つの考えを保ちつつ、頭脳を働かせられる力だ。(F・スコット・フィッツジェラルド『崩壊』一九四五年)

本当に人間関係というのは、相手が完全にいなくなってしまうか、ちゃんと存在しているかのどちらかです。この意味で、喪失と曖昧《あいまい》さとは人間の経験の二つの中核的な要素です。ここで認知症が背景となる場合、二つの要素が溶け合っていて、私が曖昧な喪失と呼ぶ状態となります(1)。

曖昧《あいまい》な喪失には、明快さがありません。解決することもなければ、終わりもないということです。この特異にして深刻なタイプの喪失は、身体にも心理にも起こり得ます。どちらにしても、問題となるその家族の状態が、あるのかないのかは、ぼやけたままです。

認知症は曖昧《あいまい》な喪失をもたらします。愛する家族が不在でありながら同時に存在するという二面性に取り組むのは難しく、その意味を見出す（つまりは自分の置かれた状況を理解する）には、非常な努力を要することになります。意味が見出せなければ、対処は難しい。日常生活において自分の役割を担うのさえ、かなりの努力が必要でしょう。曖昧《あいまい》な喪失は、それまで馴染んできた人間関係を壊してしまいます。愛する家族と認知症が現れる以前に持っていたもの、その人とのそれまでの繫がりが、もはやなくなってしまったのです。

認知症においては、何かが確実になくなっていきます。それを感じることができても、誰かがその事実を認め、失われた部分に手を差し伸べてくれることはありません。愛する人を亡くした場合に得られるような手助けが、認知症の時にはないのです。「あなたは幸せですよ。連れ合いがいるのだから」とか「親御さんがいるのだから」などと言われることさえあります。けれども、そうではない、いないのだ、本当のところは、と心の声が言うことでしょう。

医療関係者は一定の距離を置くかもしれません。あなたは介護者であって、あなた自身が患者ではないからです。そのこと以上にさらに心をかき乱し、孤立無援に感じさせるのは、悲しみを乗り越えるために用意されるはずの慣習も儀式も、認知症による喪失にはないことです。介護者は、自分を取り巻くコミュニティからしばしば見過ごされて（あるいは拒まれて）しまう不安定な状況の中で孤立します。社会にとって、無償の家族介護者に認知症患者を任せきりにしたほうが単に都合が良いだけなのかもしれません。または、他の人々にとって、自分ではどうしようもない状況を目にするのが、あまりにも苦痛となるのかもしれません。こうした多くの理由から、介護者としてやっていくには、並々ならぬ力を必要とするのです。

いない–いる

心理療法のカウンセリングを受けに来たジェニーが、彼女の夫は「ゆっくりと別な世界のほうへ遠ざかって」いると話してくれました。ジェニーの夫にはアルツハイマー病による認知症という診断が下されており、彼女はこれからの道のりが長いことがわかっていました。数年、おそらくは数十年にもわたるでしょう。わかったうえで、ジェニーはどうにかして自分の怒りと混乱を和らげたいと願いました。夫を取り戻したかったのです。夫はビジネスマンとして成功していました。愛情豊かな夫であり、父親でした。今はもう彼女の知っている夫ではありません。いなくなったのです。にもかかわらず、まだいるのです。

ジェニーに助けが必要な状況になったのは、四十年来の夫が怒りっぽくなったからでした。ジェニーに優しさを示すことがなくなりました。知らない人が家にいるようだったとジェニーは言いました。それは不本意な関係で、裏切られ、見捨てられたような気持ちでした。

そのような腑に落ちない変容は、人間関係だけではなく、自分自身への認識をも変えてしまいます。次のような難しい問いについて考えてみてください。

「私が誰なのかを、結婚相手がわからなくなっても、その人と結婚しているといえるだろうか」
「子どもたちの父であることを、夫がわからなくなっても、夫は父親であるといえるだろうか」
「私のほうが父や母の親の役割を担うようになっても、私はまだ娘だといえるだろうか」

人それぞれでしょうが、誰もが答えに苦しむはずです。ジェニーは独りぼっちになってしまったと感じ、自分が何者かを考え直さずにはいられませんでした。深い悲しみの中で、「知らない所へ向かって船でこぎ出していくようです」と言いました。

ジェニーは、夫の心とその記憶、さらにアルツハイマー病と診断されるまではあった絆が失われていくのを日々感じていました。夫は、物理的には彼女と共にありましたが、心はないも同然でした。こうした不調和は、心を乱し、苦しみを与えます。

私はジェニーに、曖昧《あいまい》な喪失の最中《さなか》にいるのだと伝えました。区切りを付けられないという点で、最も対処が難しい種類の喪失である、とも説明しました。

自分の問題に名前が付いたことで対処に乗り出すことができ、可能な選択肢について私たちは話し合いました。ジェニーは二つの道を示しました。「何ごとも変わりがないかのように振る舞うか」、その対極ともいえる「夫はもう存在せず、自分の人生から消えたとして行動するか」です。第一の方法はすでに試し、第二の方法は選べなかった、と彼女は言いました。その中間を取れないか、考えてみるように助言しました。

「どういうことですか」とジェニーは尋ねました。

「認知症からくる曖昧《あいまい》さと共に生きることを、学ぶのです」

明瞭さを良しとする社会で、曖昧《あいまい》さと共に生きるのは楽ではありませんが、ジェニーは次に何が起こるか、どういう結末になるかわからないものと向き合う道を選びました。夫にも自分自身にも罪はなく、病気が原因なのだと今はわかります。認知症には、人の予想を超えて人間関係を歪ませる不可解な何かがあるのです。自分のせいではないと理解して、ジェニーはより良い取り組み、問題の答えを見つけようとするのでなく、解決がないこと、答えがない問題と共に生きること、ができるようになりました。

半分愛する

心理療法を施す私のもとへ、ジェニーのような人たちが男も女もなくたくさんやって来ます。自分自身と愛する人との関係に何が起こっているのか理解しようとして、困り果てた末なのです。問題は、疲れ果ててしまう孤独な介護の役割についてばかりではなく、自分が置かれている状況を、自分を見失わずにどう理解したら良いかということでもあります。

原因がどこにあろうと、認知症による曖昧《あいまい》な喪失により、最高の健康状態にある者さえ活力を奪われます。悩みが深くなるのは、意味がわからない状況に辻褄を合わせようとするためです。あなたは、人生が今やがらりと変わってしまったことに気づきます。失われたものは大きいのに、お見舞いのカードがもらえるわけではありません。通夜もなく、喪に服することもないのです。あるのは、一人だけの、理解されることが稀《まれ》な喪中、そして「慢性的な悲しみ」(2)であり、いつ始まりいつ終わるのか、定かではありません。

心理学者で自らが介護者でもあるキャロリン・フェイゲルソンは胸が痛む問いを投げかけています。「人が半分だけなくなってしまう、などということがあるでしょうか。半分は死に、半分はまだ生きている……詩的世界を前提に、何が起きても読み手が驚かないおとぎ話と違い、そのような異様な話は、そこに身を置く人の、現実に対する信頼感を崩すのです」(3)。実際、曖昧《あいまい》な喪失を抱える介護者は、崩れ落ち、もう信じることができないという思いで現実を捉えています。介護者が感じている喪失は、不条理で筋が通らず、ばかげていて、しかも現実なのです。

認知症の原因が病気であれ怪我であれ、曖昧《あいまい》さと困惑を受け入れられるかどうかが重大な課題となります。これは、おとなしく身をゆだねる、また折り合うという意味ではありません。実は、選択肢に気づき、混乱と変化の最中《さなか》にある何らかの連続性をどう見出すかについて、決断していくという意味なのです。曖昧《あいまい》さの中に何らかのはっきりしたことを見つけていこうという意味でもあります。本来、曖昧《あいまい》さと共に生きることは、誰もが通らなければならない道です。人生の早い時期でないにせよ、年齢と共に必ずやって来るのです。

ふだんでも、私たちが愛する人たちと離れることはよくあります。私がある場所へ仕事に出かけ、夫も別の仕事場へ、子どもたちもまた他のところへ出かけます。何千キロも離れた他の州にも愛する人がいます。友人たちだって世界中に散らばっていきます。現在のモバイル社会において、私たちのほとんどは、愛する人たちと多くの時間離れたままです。それにもかかわらず、現代の家族は、身体と心が同時に同じ場所にないことに、うまく対応しているように見えます。望めばいつでもまた一緒にいられるとわかっているからでしょうか。認知症の場合と違い、この手の喪失は、取り戻すことができるものです。航空券や電話によって埋め合わせができます（もちろん費用、戦争、政治紛争などが障害になることはあるでしょうが）。

恋人同士や家族が身体も心も完全に同じ場所に置くのは稀《まれ》だと気づくと、分離と距離というものの曖昧《あいまい》さを抱えて暮らし、何とかやっていくための何らかの術《すべ》を、私たちのほとんどは備えているとわかることでしょう。この前段階の経験が、違いがあるとはいえ、認知症を患っている愛する人とどう生き延びていけば良いかを探る手助けになります。

中間の立場を見つける

認知症においては、いないのにいる状態となります。はっきりさせようと必死になれば、曖昧《あいまい》さを消し去ろうとする偽りの答えに至るかもしれません。よく見かけるのは、「この人は私にとっては死んだも同然。もはやこの人に近寄ることもないわ」と、早々に終止符を打ってしまうか、「この人はもともと忘れっぽい人だから、今だって運転をしても問題ないわ」と、何かが失われたことを否認する人たちです。意識して曖《あい》昧《まい》さと共に生きようと努力しなければ、誰でも思考の柔軟性を失いやすくなり、それでは、曖昧《あいまい》な喪失と複雑な現状にうまく対応できません。

愛する人が認知症を患っているなら、あなたの課題はまず、曖昧《あいまい》さから感じるストレスに耐える力をつけていくことです。手始めに、同時に二つの相反する見方ができるように訓練しましょう。父（または母）はここにいるけれども、いない。相手はもう、以前結婚した人ではないけれど、今も愛する人であり、世話をしていくだろうことは変わらない、というように。その人が昔のままでいることができなくても、見切りを付けないでください。

スコット・フィッツジェラルドの言葉を言い換えるなら、相反する二つの考えを保てるようになれば、極論にしがみつくことなく、中間の立場に移ることができるのです。不幸にも認知症を前にしたら、問題を否認したり、その人がすでに亡くなってしまったか、その場から消えてしまったかのように振る舞ったりするような極端に走ることなく、もっと良い道を選んでください。いることといないことが共存することを認めるのです。曖昧《あいまい》な喪失と向き合ってやっていくには、それが最善の策です。

より逆説的に考えるなら、不在と存在について矛盾する考えに葛藤を感じながらも、日々を生きるのです。愛する人は、ここにいると同時に、いないのです。病気やこの状態を治す方法がないのなら、曖昧《あいまい》さと完璧といえない関係を前にどれだけ気を楽に持てるかどうかが、たった一つの希望の窓です。

柔軟な考え方ができれば、何が普通かに囚《とら》われることなく、病いにある人との関係性の意味に焦点を当てることになります。はっきりしない状態を受け入れていくにつれ、曖昧《あいまい》な喪失さえ、どう捉えるべきかがわかるようになり、結果として、対処が楽になっていきます。

目標を調整する

まぎれもなく、目標となるのは、愛する人との関係を終わらせることではなく、認知症により全く変わってしまった関係に沿うように気持ちを変えていって、そういう考え方へと改めていくことです。曖昧《あいまい》さを受け入れることが目標なのです。

さよならを言う時期

その後も私は、ジェニーの都合がつく時に会いました。介護をしている相談者には、いつもそうしているのですが、亡くなったわけではなくても、どこかの時点で、彼女の夫にさよならを言うように勧めました。ジェニーは、その時が来ればわかるものです。彼女は日記をつけて、ある程度内容を知らせてくれたので、それがどんなに難しい道のりだったかを理解する手がかりになりました。

1月《診断を受けて》

とても心細くなる病気だ。周りに人はいるが、すごく心細い。もう私のもとに戻ることができない人といる、それが孤立感を生む。孤立感は孤独感とは違っている。私は一人で過ごす時間をいつも楽しんできた。けれど、今の孤立は、何もかもを嫌にさせる。人生にぽっかり「穴」が開いてしまった。ジョンの寝顔を見つめ、これまでの二人の思い出を振り返ってみる時がある。

7月《2年後》

息子が電話をくれた。別の州から週一回かけてくれるのがとてもありがたい。私にとって素晴らしい贈り物だ。息子の率直な意見を聞くと、客観的にものを見やすくなる。今日、ジョンのQOL（quality of life：生活の質）を何とかしたいと努力している話をした……息子は事実を見るようにと言ってきた。「お母さん、現実問題として、お父さんのQOLが良くなっていくことはないよ。だんだん病気が悪くなっていくんだ……お父さんが良くなるよう望み続ける限り、お母さんのほうが自分のQOLを保つための力が出せない」。続けて、こうも言った。「四十年間連れ添った相手はもういないことに気づくべきだね。知らない相手と結婚していると感じることになるかもしれないよ。好きでさえない相手とね」

この話のあと、気を紛らわすために車で出かけた。孫娘が車に忘れていったジョシュ・グローバンのCDをかけてみた。初めて聴くアルバムだった。『ユア・スティル・ユー（あなたは今でもあなた）』が流れると、その歌詞、特に「暗闇の中でもあなたの光が見える」というあたりに強く心打たれた。共に過ごした年月の思い出が私には残っているのだと気づいた。だから私には、闇の中にいても、彼という光を見ることができた。でも彼のほうは、もう私という光を見ることがないのだ。彼の記憶は薄れていくどころでなく、すっかり消え失せようとしていた。有料道路の路肩に車を寄せ、繰り返しこの歌を聴いた。両頬を濡らして、しゃくり上げていた。過去のあの人に「さよなら」を言い、今のあの人に「よろしく」と言う時が来たのだ。節目というものだった。悲しみの涙が流れるに任せ、親友であり、私のすべてを知っている人生の一番の応援者であった人を失うのをしみじみと感じた。

4月《3年後、夫が介護施設《ナーシングホーム》に入居したあと》

今日、いつものように施設にジョンを訪ね、日課の散歩に連れていった。私たちは施設内を歩くことにした。外に長くいるにはまだ少し寒すぎるからだ。フラン（仮名）という別の入居者が、私のほうへやって来て一緒に歩きたがった。フランはジョンを恋人だと言い、二人は何となくお互いに親しみを持っていた。「どうぞ、フラン。一緒に歩きましょう」と私は答えた。ジョンを真ん中にして、二人とも手を繋いで、私たちは施設の廊下を歩いていった。ジョンとフランは筋の通らないおしゃべりを続ける。やりとりを通じて二人がわかり合っているのが、何となく理解できる。おかしく聞こえるかもしれないが、私は二人の親交が嬉しかった。二人が付き合いながら楽しさを感じているらしいのが嬉しい。フランは私に「この人は彼氏」と言う。私は「そう、すてきな人じゃない」と答える。フランがジョンの手に軽く触れると、ジョンはほほえむ。

帰る支度を整えてジョンと抱き合うと、ジョンは「お知り合いになれて良かったです」と言う。この日が来るのはわかっていたが、心の準備が追いつかない感じだ。涙が溢れる。彼の最後に残っていた認識のかけらが、消えてしまった。ジョンとの散歩はこれからも日課になるが、一緒に過ごしたたくさんのかけがえのない年月を懐かしもうにも、今は独りぼっちなのだ。胸が痛い。

6月

施設に着くと、ジョンは横たわって何かを考えている様子だった。「何を考えているの」と訊くと、突然ジョンの頭がはっきりしたようだった。彼が何を言っているかわからないことがほとんどなのだが、その時は「怖いんだ」と言うのが聞こえた。何が怖いのか尋ねると、意味がわからない答えが返ってきた。「これからのことなの」と訊いてみると、「うん」と言った。私はジョンがかわいそうで仕方がなかった。心の奥底で彼はまだ何かを考えているが、それをどう表現して良いかわからないのだ。私はジョンを抱きしめて、私もまた怖いのだと、それでもこれからも一緒に日々歩いていくのだと請け合った。そして、私がどんなにジョンを愛しているか、家族と友人もどんなに愛しているか、ジョンがそんな思いに囚《とら》われないでほしいとみんな願っているとはっきり言った。訪れた時と同じくらい突然に、ジョンの覚醒の時は過ぎ去った。

ジョンの悪化の度合いはどんどん速まっている。彼のいない人生は考えられない。彼の本質的なところはずいぶん前に失われてしまい、日ごとに変わり続けているようだ。彼との長い旅も終わりに近づいている。彼が変わるたびに私は悲しくなる。そのたびに私はさよならを言う。

ジェニーの心しめつけられる話は、認知症である人に別れを告げるのは一度では済まないことを教えてくれます。新たな喪失に気づくたび、何度でもさよならを言うことになります。それでも、そのようにしていくことで、お互いがより心穏やかに別れを迎えられるようになります。

個人でいることと一緒にいることのバランスを取る

二人のうちどちらか片方がより健康である時（現代の家族にはよくあることである）、夫婦関係、親子関係が歪んでしまいます。より健康なほうが、ほとんどすべてを決定し、具合が悪いほうは基本的に受け身になります。そこにこそ介護者を悩ませる問題があります。誰もが個人でいる立場と一緒にいる立場の両方を必要としているからです(4)。

確かに多くの介護者が、結婚相手や親の世話を引き受けることで、与えるのと同じくらい、自分も受け取るものがあると言っています。けれども、一方で、孤立感、過労、睡眠不足、自分に必要なことができないといった問題を訴えています。患者と介護者の双方に恩恵があるのなら喜ばしいのですが、研究者が驚きの統計を示しています。認知症の介護をしている人の死亡率は、そうでない人に比べ六三パーセント高いというのです(5)。

つまり、介護は、する側の健康に悪影響を及ぼすということです。そうだとすれば、専門職の人間と地域とは、介護の一部を担い、自分の愛する人が生き延びていくための重荷に耐えている介護者の皆さんと、もっと辛抱強く協力し合ってもらいたいものです。介護者は共感と尊敬を受けるに値する仕事をしています。健康を守るために、介護者は専門家と地域に支えられて、介護という役割とは別のアイデンティティを維持できるのです。

あれもこれも思考（あれかこれかではなく）

そこにいるのと同時にいない。その人との関係においてストレスを減らすには、あれもこれも思考、つまり、二つの相反する考えをどちらも正しいと見なせるようになることです。これが認知症の人の現実なのですから。

こうした逆説思考ができれば、曖昧《あいまい》さを自然な、しかも精神性の高い状態として捉えられるようになります。世俗的視点から見てさえ、認知症と共に生きるためには、わからないことでも何とかなる、何が起きてもどうにかできると信じる力が不可欠です。今の状態で持ちこたえているなら、曖昧《あいまい》さに耐えていける能力がすでに高まっている証拠です。これは称讃すべきことです。まさにその弾力性が、認知症との道を歩き通すための必需品だからです。

ものの受けとめ方を変える

不自由のない暮らしといえば、どう考え、感じ、行動するかを選択し決定するための情報がすぐに利用できる状態でしょう。私たちのほとんどは、物事を常に掌握しているのを良しとし、答えがないものを避けます。ところが、たとえば曖昧《あいまい》な喪失のように、情報が充分に明らかでない場合、自分自身による捉え方が、考え、感じる時の土台となります。私たちは自分に見えていると捉えているものを基準にして生きているのです。情報が不足している場合、不自由なく暮らすには、捉え方には幅を持たせられると理解していてください。ものの受け止め方を変えて、ストレスを減らすことができるのです。新しい考えを取り入れることで、現実にそぐわない完全性を求めてストレスを感じるのをやめましょう。あれもこれも思考という二重性を受け入れるなら、ものの受け止め方を変えるのがより容易になります。

ストレスを減らすために、あれもこれも思考を取り入れて、ものの受け止め方を変えましょう。

＊＊＊

・彼女はすでにいないが、同時にまだいる。
・私が世話するのは、彼と自分自身の両方である。
・私は介護者であると同時に、自分の欲求も持つ一個人だ。
・すべてが終わってほしいと思うのと同時に、愛する人が生きていてほしいと願う。
・夢と希望が失われたのが悲しいけれども、同時に別の夢と希望がやって来るのが嬉しい。

＊＊＊

数年前、私はルーブル美術館のモナリザを見つめ、ものの受け止め方を変えてみようと思いました。モナリザは微笑しているのでしょうか、いないのでしょうか。答えは、私がどう見るかにかかっています。幸いなことに、見方やものの受け止め方は変えられます。曖昧《あいまい》さの中に、必要とするものを見出すことができます。そこにこそジェニーの、そして認知症と共に生きる皆さんの希望が息づいているのです。

治療法が（今のところ）ない病気や状態を抱えて生きているなら、ものの受け止め方と自分を変える力が希望の拠《よ》り所《どころ》です。創造的適応が可能になるのです。自分自身と置かれた状況に新しい光を当ててみることで、扉《とびら》が開きます。愛する人を大切にしながらも、新しい出会いを作っていきます。自分というものを介護者の役割の外へ広げていきます。直接会うことも、インターネット上で知り合うこともあるでしょう。ふと、曖昧《あいまい》さをむしろ普通のことのように、楽しいともいえる活動——遊び、トランプ、釣り——と思えるようになるなら、曖昧《あいまい》さがもたらすストレスは減るでしょう。曖昧《あいまい》さを恐れるという捉え方が変わっていきます。

確かさを求める気持ちを手放すのは簡単なことではありません。けれども、曖昧《あいまい》な関係というミステリーは、自分がより強くなる機会も与えてくれます。自分は最善を尽くしていると確信することで、希望が育ちます。

もっとも、私たちのほとんどは「落ち着いて」しまうのが好きではありません。戦わずして引き下がりはしないのです。それでよいのです。認知症を引き起こす病気と状態を、どう治療したらよいか調べてみるもよし、介護者が健康を害さないようどう助けたらよいか考えるもよし、けれど最終的に、どんなに懸命に働き戦ったとしても、このゲームに勝つことはできないのです。死は生命の循環の一部です。認知症を患おうと思うまいと、同じなのです。

私たちにできるのは、一日一日を充分に生きることです。物事がいつも思い通りにいくとは限らないと知りつつ、できるだけ穏やかに安らかに生きる。善良で分別があり勤勉な人にも良くないことは起こるものです。

もちろん、戦うことが妥当なことには戦いを挑まなくてはなりません。それでも、時には諦《あきら》めるという選択もしなくてはなりません。それができれば、思い通りにしようということと、受け入れることとのバランスがとれます。際限なく失われる状況において、曖昧《あいまい》さを包み込むということです。こうあるべきだと思い込んで生きるのでなく、次に何が起こるかに好奇心を持って生きましょう。

次の曲がり角の向こうには何があるでしょう。全くわかりません。山々に分け入ったり、コロラド川の急流下りをするのに似て、これもまた、冒険なのです。

ジェニーの夫が最後の数ヶ月を我が家で過ごした時には、二十四時間休みなしの介護が必要であったために、ジェニーの仕事はこれ以上ないほど大変でした。私は彼女が働きすぎて自分を見失うのではないかと心配でした。けれども、いつの間にか状況が変わりました。彼女はすべてを思い通りにすることはできないと気づくと、状況の受け止め方を変え始めました。

何とかしたいと願うことのうち、私にとって良くないばかりでなく、周りの気の毒な人たちにとっても良くないことがまだある。だから、自分の世界のまとめ役を務めることをお払い箱にした。私は、みんなが葛藤なしに楽しく過ごせているかどうか、周りに気を配っている……それが良くない。そこで、葛藤も時には健全だという考えに馴染むように努力しているところだ。「こうしたら誰かが不快になるだろうか」を判断の基準にしてきたのだと気がついた。だから、「人が不快になったからってどうなの?」と考えても良いことにした。私の人生に意味と理由を与えてくれる健全な決定に、自分を持っていくために。

それからジェニーは、喪失の物語と新しい希望の物語の両方を大切にしながら素早く変わります。

明日は大学に行って「興味検査」を受ける手続きをして、入学に向けて第一歩を進める。次に何があるかわからないけれど、たとえ何かが起きてこの目標を達成するのが遅れたとしても、秋の授業を目指して準備するのは良いことだろう。

ジェニーは、その年の秋に授業を受けることが叶いませんでした。夫が亡くなり、葬儀のあとに片づけなければならない細々とした用事をこなして、数ヶ月が過ぎました。その後、病気が見つかり、必要な治療を受けました。荷造りして、お気に入りの地域にある、前より小さな家に移りました。数年たった今、彼女は元気にやっています。新しい家に落ち着き、あいかわらず精力的で、良い友人と活動に恵まれ、子どもや孫たちが遠くない場所に住んでいます。ジェニーは、自ら「認知症の悲しみの最中《さなか》に歩んだ日々」と呼ぶ体験を忘れることはありませんが、同時に、新しいやり方で、人生という道を前進し続けています。

■ ■

何かを失っても人は強くなれる、その力に私は驚かされ、教えられてきました。人にはもともと復元力《レジリエンス》がありまます。他の人が行く手に立ちふさがって評価や偏見を押しつけなければ、復元力《レジリエンス》は発揮されます。個人、夫婦、恋人、家族のそれぞれが、それぞれのやり方で、失望を希望に変えます。一方、共通しているのが、その営みの中核のところで、それぞれが曖昧《あいまい》さを受け入れる力を増していくことです。先に何が起こるかわからなくても、進んで何か新しいことに取り組みます。そうするうえで、より情報が多いほうが役に立ちます。問題の本質が何かを知らなくてはなりません。「今経験していることに名前が付くと助かります」と私に言ってくる患者はたくさんいます。何が問題かということ、自分に責任はないということがわかれば、新たな難しい状況に対処するのがより楽になります。

曖昧《あいまい》な喪失の性質は独特なものであり、対処が一筋縄でいかないばかりか、悲嘆の過程が大変複雑です。それを次の章で詳しく説明していきます。

【振り返り、考えるためのヒント】

◉ほとんどの人は、自分と他人が違うことと、そこから来る曖昧《あいまい》さと共に生きる何らかの方法を身に付けており、どうやって乗り越えるかを知っている。

◉認知症の人を世話するストレスに対処するために問題が何かを知らねばならない。それを分類してみよう。

◉苦痛を引き起こしている犯人は認知症の人ではなくあなたでもない。犯人はあなたが失ったものの周りに生ずる曖昧《あいまい》さである。

◉あなたが愛する人がここにいる時、それからいなくなる時、再びここにいる時、それからいなくなる時、その存在には二つの意味がある。どちらが本当かわからずに困惑し、不安を感じるだろう。どちらも本当の感じ方なのだと受け入れよう。

◉あれもこれも思考（あれかこれかでなく）を鍛える

★愛する人がここにいるのか、いないのか、完全な解決も絶対的な答えもないので、あれもこれも思考をして二重性を受け入れる必要がある。そこで、訓練《トレーニング》をすることが役に立つ。たとえば愛する人がここにおり同時にここにはいないと考え、自分は介護をすると同時に他の人とも関わっていく、と考えてみる。あれもこれも思考で、いくつか自分の状況に合う短文を作ってみる。

★何らかのストレスが残ったままでも、同時にある二つの違った考えをうまくバランスを取ることができれば、完全な答えを求めようとするより、ストレスが減る。

第2章

喪失と悲嘆が引き起こす複雑な問題

［亡くした娘について］「あの子はここに」と、S・フロイトは懐中時計の鎖に付けた小さなロケットを見せてくれました。（ヒルダ・ドゥーリトルが語った言葉（ピーター・ゲイ『フロイトの人生――今を生きる私たちのために』二〇〇六年）

研究者によると、ジェニーと同じような介護者が苦悩する主な原因は、介護の重圧でも病状の深刻さでもなく、問題が解決できないために生じるストレスだということです。愛する人の苦痛を和らげることができず、それ以上生活を思い通りにすることができず、どういう役割を演じたらいいかわからず、今の状態がいつ終わるかつかめず、自分のしている介護が充分な内容なのかどうかもわからないということです。何しろ、介護する患者も、親類家族も、地域も社会も、肯定的《ポジティブ》な意見や評価を返してくれることはほとんどないのです。介護者は独りぼっちなのです。

複雑な喪失―複雑性悲嘆

認知症による曖昧《あいまい》な喪失が与える影響と対処法を理解するには、複雑な喪失と複雑性悲嘆とは何かを知っておくことが重要です。前章のジェニーのように、介護をする多くの人たちはその両方を経験しているのです。

複雑性悲嘆とは、あまりにも長く続く悲嘆です。精神科医が考える通常の悲嘆の経過を取らないタイプの悲嘆を抱える人は、悲しみ、食欲不振、不眠症が二ヶ月から半年続きます。この場合、大鬱病《だいうつびょう》エピソード(1)と診断されます。もはや通常の悲嘆ではなく、個人が抱える心の病いということになります。

認知症が問題となる場合は、介護者の精神や感情の状態ではなく、どのような喪失に見舞われているのかが鍵となります。認知症から起こる喪失は進行性のものです。そのため、悲嘆もまた治まることがありません。悲しむ日々に終止符が打たれることなく、何年、何十年も過ぎるかもしれません、曖昧《あいまい》な喪失と共に歩むなら、これが普通なのです。

曖昧《あいまい》な喪失（ここでは認知症の場合）は複雑な喪失を引き起こします。「おかしいのは今の状態であって、私ではありません」。介護者の多くがそう言うかもしれません。私が言いたいことと少し違いますが、彼らの言い分は正しいのです。私は、「あなたは複雑性悲嘆です」と言う代わりに、慢性的な悲しみと複雑な心境をもたらしているのは、より正確には、「おかしくなってしまった相互作用の一つの型」なのだと告げます。(2) つまり、あなたの制御できないある外部の状況（ここでは認知症）によって生じた関係性の問題であり、あなたに責任はありません。認知症の介護では、喪失を受け入れられるかどうかを次から次へと試され、終わりが見えないこともあるのです。

ある介護者が次のように、実感を込めてまとめてくれました。

束の間ですが意識が明瞭になることがあり、かけがえのない時間がやって来ます……あちらに繋がることができる機会は、驚きであり喜びです。けれども同時に、介護の道に疑問を投げかけたくなります。これまで記憶が失われ、その人がいないも同然になってきたのは、病気のせいだったのでしょうか、それとも薬が間違っていたからでしょうか。喪失を受け入れる気持ちは揺れ、試練は繰り返しやって来るのです。

このように、失っては見つけ、見つけてはまた失う、という浮き沈みの激しさによって、どんな人も安定性と力を奪われていきます。無力感から憂鬱《ゆううつ》になり、不安になります。そうなれば当然、その人への手当てが必要ですが、原因は介護者の精神的な弱さのためだとしてしまうのは妥当でも正当でもありません。こうした理由によって、認知症から起こる曖昧《あいまい》な喪失に伴う複雑性悲嘆は、それ自体が一つの診断上のカテゴリーに入れられるべきものなのです。

いると同時にいない誰かと暮らすのは異様な体験であり、凄まじい苦痛と不安を引き起こすこともあります。このストレスを和らげるには、「死」と「曖昧《あいまい》な喪失」との違いを理解し、前者が、いわゆる通常の悲嘆に見舞われるのに対し、なぜ後者は複雑性悲嘆を伴うことになるのかを知ることが大切です。

「通常の悲嘆」と「複雑性悲嘆」との違い

メアリーとルースを例に考えてみましょう。メアリーの夫は、芝刈りの最中に重い脳卒中で倒れ、そのまま亡くなりました。救急車が駆けつけ、医者が死亡を告げ、牧師がやって来て祈り、数日後に通夜と葬儀がありました。人々が訪れて花を捧げ、追悼の意を表わし、聖書の言葉を読み上げ、詩を朗読し、歌を歌い、食事しながら語り合いました。すべてのことがメアリーにとって心の慰めとなり、さらに、夫は本当に逝ってしまったと実感させてくれました。夫の死が覆されることは断じてなく、公的にも地域全体からも認定されたのです。メアリーはつらく、突然の別れに呆然としたままでしたが、悲しみの中で失ったものの意味を探る彼女の傍らで、家族と友人が支えてくれました。馴染みある儀式を通過することで、メアリーは夫の死を敬意と追悼の念によって受け止めることができました。何よりも、悲しみの中に一人置き去りにされることはなく、地域の人々がそばにいてくれました。

ルースの夫も重い脳卒中に罹《かか》りましたが、命は奪われませんでした。ただし、認知機能を失いました。年が経つにつれ、夫の認知症はさらにひどくなっていきました。ルースは夫の介護を続けましたが、夫が死んでしまっているかのような深い悲しみを常に感じました。同時に、まだ死んだわけではない夫をそのように思ったことに、罪の意識に囚われました。彼女は複雑な感情を覚え、自分の考えていることや、自分が何者か、何か残っているとすればそれはどんな関係なのか疑問を感じるようになり、孤立感も抱きました。外部の人々は、ルースの失ってしまったこと、絶えず喪に服していることに気づくことがないも同然でした。長い時間をかけて死に至る人を介護する責任がないと胸をなで下ろすことがよくある専門職の人や親戚も同じでした。

どちらの女性が、より複雑に喪失を感じ、そのため複雑性悲嘆に苦しむ傾向にあるといえるでしょうか。ルースの喪失体験は、その状態がいつ終わるかわからないため、曖昧《あいまい》さと戸惑いが加わり、より複雑なものになりました。メアリーの喪失も、確かに大変つらいものだったのですけれども、曖昧《あいまい》さがないという点で恩恵を受けていました。疑念に囚《とら》われることはより少なかったでしょう。そのため、メアリーはより自由に、未亡人としての新たな人生に前進できたのです。一方、ルースはといえば、早い解決が見込めない不安定な状態に陥っていました。

喪失の質が違えば、その喪失に見合う悲嘆も違ってきます。自分の抱える喪失の質を知ることで、それを理解しつつ対応していく道が開かれます。メアリーの悲嘆の始まりは、通常考えられる形でした。つまり愛する人の死の後にくるものです。ルースの場合は、死の前でした。

生きている人への喪失感を嘆くのを理解できはするでしょうが、そうした悲嘆は複雑そのもので、混乱の元になるのです。認知症の原因が何であれ、生きているのに、その人の喪失を受け入れ嘆かざるを得ないのだと認めるしかない状況は理性が納得しません。直感が拒否するのです。そうはいっても、ルースのような複雑な喪失、しかも複雑性悲嘆に非常に結びつきやすいタイプの喪失は、思いの外よくあることなのです。

曖昧《あいまい》な喪失に対する複雑性悲嘆

曖昧《あいまい》な喪失を論じるうえで、基本となる前提についてお話しします。愛する人が部分的に失われ、その喪失と曖昧《あいまい》さが一緒になり、対処するにも嘆くにも、強力な障害が出来上がるということです。取るべき行動が明示され、人々が集まることで喪失を支えてくれるという馴染みの儀式は一切ありません。生々しく深い悲しみだけが存在します。曖昧《あいまい》な喪失に対する動揺と支援の欠如は、気分の落ち込み、不安、家族間の争いと断絶に繋がります。親しい人間関係がむしばまれ、介護者はますます孤立します。

気分の落ち込みに見えて、それが実は悲しみであったりします。不安なように見えて、実は、ままならない状況に対する非常に大きなストレスと動揺であったりもします。家族間の対立がしばしば生じ、孤立が深まります。こうした状態に置かれれば、たいていの介護者は、複雑な、しかも解消されない悲嘆に苛《さいな》まれても不思議ではありません。あなたが時期尚早に悲嘆すると、病人に対して不誠実だと感じるでしょうし、責める人もいるかもしれません。悲嘆は否認や抑圧されるわけではありませんが、死が訪れる前に嘆くのはタブーだとして、社会的にも宗教的にも、さらに家庭内でも、単に打ち消されるのです。

曖昧《あいまい》な喪失という視点を介すなら、専門職の人と介護者は、より微妙な意味合いで悲嘆と喪失を受け止めることができます。この受けとめ方が、心の復元力《レジリエンス》を作り上げるためにどう働くでしょうか。この悲嘆を専門職の人が以前にどう理解したかを見つめ直してみると、認知症から起こる精神面での関係性の喪失を把握するに至っていないのだとわかります。

悲嘆に対する公式見解

診断マニュアルで主に取り上げられるのは、正常ではない悲嘆なので、辞書で正常な悲嘆の定義を確認してみましょう。悲嘆とは「精神的な苦悩」、また「死別から生じる深い悲しみ」と記述されています。[3] 死別とは「奪われた」状態として定義されています。[4] いつまで続くかや異常な反応がどんなものであるのかについての記載はありません。医学的には、悲嘆を定義する場合、継続期間と症状で定義されます。症状とは、たとえば抑鬱《よくうつ》、両価性《アンビバレンス》、罪悪感、自信喪失、身体的不調、行方不明者や死亡者のことばかりをくどくどと考えてしまうこと、喪失以前には問題なかった機能の消失などです。前述のように、そうした反応が数ヶ月以上、具体的には二ヶ月から半年続く場合、病的な悲嘆と見なされます。

悲嘆をこのように定義するのは、愛する人が認知症を患っている人々にとって不当なことです。症状という観点から定義付ける場合、友人や家族が直面する喪失の状況とタイプが問題にされることはありません。専門職の人たちは、突然の死（たとえば自殺や殺人）、また順序の違うもの（たとえば子どもの死など）だと、喪失が生じた場合、悲嘆がより複雑なものになることをすでに知っています。ところが、愛する人が認知症である時にいだかれる悲嘆は、まだ特異なものだと認識されていません。その複雑性が正常のものであることは認められないままなのです。この点に、正式に悲嘆と見なされる状態と、認知症によって何かが奪われた時に感じる苦悩と深い悲しみという現実との間の、食い違いの問題が横たわっているのです。

乗り越えるという不可能な考え

悲嘆と喪失の研究領域では何十年もの間、比較的短期間（三ヶ月から半年）に喪失を乗り越えられない悲嘆についいては、当人たちに何か問題があると見なされてきました。こうした見方は精神科医エリック・リンデマン[*1]の著作に起因します。リンデマンは一九四四年、ボストンのナイトクラブ「ココナッツグローブ」で火災が起き、扉に鍵がかかっていたため四九二人の若者が死亡するという悲劇のあと、生存者と犠牲者の遺族を治療したことについて著述しました[5]。

リンデマンは、生存者と遺族の死亡者に対する悲嘆が抑圧され、遅れて現れてくるのを病的なものと捉えたため、解決の付かない悲嘆は個人的疾患だという考えが固まってしまうことになりました。悲嘆に関する彼の見解は今なお多くの治療者に支持されていますが、愛する人が認知機能の障害を起こした場合に体験する、不可避の長期間の喪失と悲嘆についてまでは考察しなかったのは明らかです。

一方、トラウマの専門家たちは、認知症を原因とする悲嘆を理解する方向へ近づいているかもしれません。マルテン・デ・ヴリース、ベセル・ヴァン・デア・コルクなどの研究者たちは、「喪失が突然にか、外傷的にか、繰り返し不確定な形で起こるかして、それによって、慣れ親しんだパターンが断絶したものとなり、さらに状況を悪化させる」[6]時、悲嘆反応は、一層複雑な形を取りやすくなると言っています。認知症による損失は、まさにこれに当てはまります。そして、ここが難しいところなのです。近くにいる専門職の人たちは、悪気はないとはいえ、リンデマンの定義する通常の悲嘆を念頭に置いたままかもしれません。つまり、起きたことを乗り越えて立ち直るべきだと信じているのです。認知症の悲嘆を抱える人の立場は不利になります。愛する人の認知症からもたらされる喪失は止まることなく、長年にわたることもありますから、悲しみを乗り越えたり、悲嘆し終えたりはできません。何も悪くなくても、悲しみが慢性的なものになるのです。

悲嘆――厄介にして終わりのない道

一九六九年、エリザベス・キューブラー＝ロス[*2]は、悲嘆の五段階という概念を確立しました。それは、否認、怒り、取引、抑鬱《よくうつ》、受容です(7)。ここで、忘れられがちなのは、キューブラー＝ロスの唱える五段階は、愛する人の死を経験する家族が対象ではなく、死にゆく人自身が対象だということです(8)。この五段階説がすぐに人々に受け入れられた理由は、作家メガン・オローク[*3]の言葉を借りれば、「喪失を何とかできると感じさせたことだ。困るのは、ほとんど作り話でしかないとわかってしまうことだ(9)」ということになるでしょう。この説のようなすっきりとした公式が歓迎されるのは、先が一目瞭然となり、何とか問題を解決できると感じさせるからです。残念ですが、喪失と悲嘆はもっとずっと扱いづらい経過をたどります。亡くなるまでの九年間、キューブラー＝ロスは何度も脳梗塞に襲われ、衰弱していきました。死にゆくのは良い経験だと彼女は断言しましたが、このように長くかかっては良くありません。彼女自身の死への段階は、複雑でまとまりのないものでした(10)。

参考までに、ジョージ・ボナーノ[*4]の研究を紹介します。ボナーノは何度かの悲嘆を振動（浮き沈み）と呼んでグラフに表わしています。時が経つにつれ、振動の間隔が広がっていくのがわかります(11)。悲嘆が消え失せることはありません。しだいに訪れる回数が減っていくだけです。私自身、十四年前の姉の死を嘆き続けています。最近、姉の子どもたちが、死を目前にした父親のために何とか正しい判断を下したいと電話で相談してきました。その時、すぐに頭に浮かんだのは、姉は私に何と言ってほしいだろうかということでした。姉との会話を想像してみると、姉を失った体験が再び生々しくよみがえりました。これを異常な悲嘆というのでしょうか。いいえ、これがまさに悲嘆の浮き沈みなのです。

浮き沈みはまぎれもない現実ですが、完全に消えないとしても、時間が経つと共に間隔が広がってほしいものです。人は喪失することの痛みを止められるはっきりとした過程を望むものですが、悲嘆とは完全になくすことができるものではありません。この分野の初期の専門家たちが唱えたことと異なり、「乗り越える」必要はないのです。(12)

近年になって、私たち喪失と悲嘆の専門家の中に、個々の症状そのものを越えて、悲嘆のコンテクストと社会的環境を研究する人が出てきました。その一人が、ソーシャル・ワークの教授ケネス・ドウカ*5であり、「市民権を奪われた悲嘆（disenfranchised grief）」(13)という用語を生み出しました。皆さんに当てはめると、市民権を奪われているとは、社会的にみて、嘆く許可が与えられないということです。愛する人が生存しているなら、通夜を行ない喪に服すことはできません。家族や地域の禁欲主義、つまりは気丈であるべきだという期待も、この市民権剝奪を招きます。こうした状況において、嘆き悲しみ涙をこぼすことは認められません。しかし、認知症は、身を切るような悲しみを伴う喪失をもたらします。今こそ、誰かがそばにいて、食事と温かい言葉を用意し、あなた一人で喪失を抱えることのないようにするべきなのです。

これまでの歴史と最新情報を知り、喪失と悲嘆についての従来の考え方と自分の状況がぴったりこないのがわかるでしょう。気が沈んでいる、不安だ、医療問題を抱えているといった状況であれば、認知症とそのためにせざるを得ない介護のために失われたものについて、医師、医療機関などに相談してください。専門職の人はこうした悲嘆の悲しみを鬱《うつ》病と間違えないことが重要です。双方にどんな介入をすべきかは別なのです。鬱《うつ》病に必要なのは薬かもしれませんが、悲しみと悲嘆には、他の人との繋がりと、嘆きたい時に誰かからも文句を言われず好きなように嘆くことができる場、そして慰めてくれる誰かの支えが必要なのです。

途中で嘆く

認知症と共に生きるなら、すべてが終わるまで嘆かないでおくのは不条理なことです。長期間涙を抑えることにもなるのですから。それよりも、途中でも嘆くのを良しとしましょう。新しい喪失に気づいたら、その大小にかかわらず、嘆いたら良いのです。

ある女性は、認知症の夫との間で何かが失われるたび、鶴を折り、海に流しました。自分自身の祈りの場所を決めてキャンドルを灯す人もいれば、詩を書く、日記に綴るという人もいました。また、ある女性は新たな喪失に気づくと家族で集まるようにしました。子や孫に囲まれて、気分を和らげることができました。家族は続いているという申し分ない証明です。エマはさらに別な方法を採りました。

エマの夫は高齢で、重症のアルツハイマー病を患っていました。私たち研究チームが最初に会った時、エマはかなり取り乱していました。夫がしじゅうセックスを求めてくるけれど、彼女が誰なのかわかっていないと言うのです。見知らぬ相手としているようで、それが正しいこととは思えないとエマは言いました。途方に暮れた状態でした。

数ヶ月後に再び会った時、エマは落ち着いて見えました。なぜ変わったのかをエマに尋ねました。ある日突然に解決法が見つかったそうです。エマは寝室に入り、悲しさで涙をためて、結婚指輪を外し、宝石箱にしまいました。すると、病気の夫の行動をどう扱ったら良いかがわかってきたと言いました。今の彼女には、夫が性交渉の相手ではなく、「死が二人を分かつまで」心から愛し介護していく人なのだと思えました。かなり前に子どもたちにそうしたように、エマは境界線を引くことにしました。夫を別の寝室に移したのです。夫とのセックスに関する義務感は和らぎました。一方で、夫の他の望みが確実に満たされるように心を配りました。エマのストレスの程度が弱まるばかりでなく、夫のほうも同様になったのは意外でした。彼女が落ち着くと夫も落ち着くのです。何年もが過ぎ、夫が亡くなると、エマは宝石箱の所に行って結婚指輪を取り出し、元の指にはめました。

私は彼女の次の言葉が忘れられません。

「ようやく本当の未亡人になれたのです。覚悟だけの未亡人ではなく」。

結婚指輪のような象徴は、私たち自身と他の人々に、関係性を認識させる役割を果たします。しかし、エマが気づいたように、認知症においては、そうした象徴の品が混乱を引き起こすこともあります。エマのしたことの意味が理解できない部外者の人もいるでしょうが、そのおかげで彼女は、失われてしまった関係の一部を悼み、まだ生きてこの場にいる人に対する喜びを見出したのです。

エマと同じく、介護する皆さんの多くは、一人一人が独特な方法で複雑な悲嘆と喪失とに立ち向かっています。家族や友人に、何があなたの心を落ち着かせ、何がそうしないかを話してください。あなたのほうを診てくれる医師や医療機関も必要です。医師に生活の現実を語ってください。聞く耳がない医師であれば、他に誰か聞いてくれる人を見つけましょう。その人に自分の悲しさと、それには充分な理由があることを話すのです。愛する人が認知症なのだと。睡眠不足であれば、原因を聞いてもらいましょう。不眠症という医学上の病いではなく、愛する人が目覚め徘徊するので、毎夜安眠が妨げられるのです。眠り込んでしまうと、何か良くないことが起こるのではないかと（現に起こり得る）、眠るのが不安なのです。専門職の人も他の家族も、あなたの数ある喪失の複雑さと、あなたを取り巻く状況を理解するには、力が及びません。考えもつかない人も多いのですから。

【振り返り、考えるためのヒント】

◉すべての喪失が曖昧《あいまい》でつかみ所がないとは限らないが、喪失が曖昧《あいまい》な場合、深く悲しみづらくさせるような複雑さが加わる。

◉複雑な喪失が複雑性悲嘆をもたらすが、この病状は何ら当人の弱さによるものではない。

◉家族の誰かが亡くなった時、地域は遺された者の悲嘆を理解し支えるものである。ところが、曖昧《あいまい》な喪失に対しては何らの支援も承認もまだない。それどころか、嘆くのは早すぎると批判さえ受ける。

◉愛する人がいるのか、いないのか、はっきりわからないという曖昧《あいまい》さが、対処するにも悲嘆するにも障壁となる。どちらのプロセスも、曖昧《あいまい》さによって、封じ込められる。

◉正常ではない悲嘆についての従来の考えを見直し、認知症が原因の喪失と悲嘆も含めるべきである。

◉生きてはいても、以前とは別人になってしまった人を悼む気持ちになることは、あなたの心身の健康のためにもなる。

◉途中でどのように嘆いたらよいか、他の介護をしている人と意見を交わそう。象徴的なものや儀式的なものなど、役立ちそうなものを教え合おう。あなたにはどんなものが効果があっただろうか。

◉とにかく重要なのは、あなた流のやり方で深く悲しむことである。

第3章

ストレスと対処と復元力《レジリエンス》

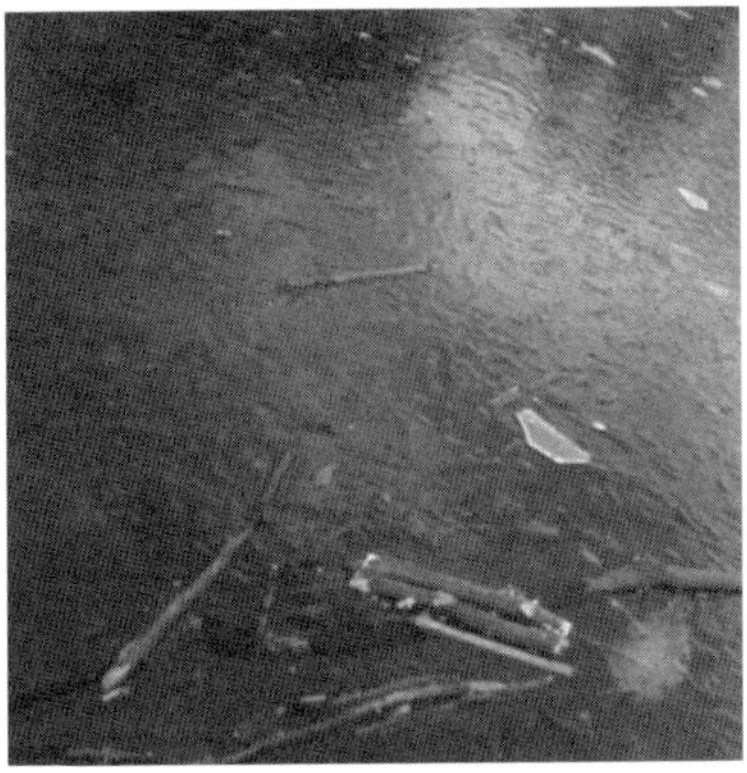

対処や問題解決という範囲を超えて、復元力《レジリエンス》には前向きな変化と成長が必要になる。（フロマ・ワルシュ『家族の復元力を強める』第二版、二〇〇六年）

ある問題に対処する前に、何が問題なのかを知る必要があります。より正確にいうと、複雑に絡み合う状況に気づかなくてはなりません。介護そのものが問題ではなく、ストレスが問題を生じさせます。ここで目指すべきは、何がストレスを増やしているのかを理解し、あなたと家族が協力して、ストレスを減らせるようになることです。

研究によると、介護をするうえでのストレスは、主に肉体、心理、感情、社会、金銭の各方面に起こります。[1]私自身が見てきた限りでは、そうしたストレスの中心に、ひとりぼっちで孤立しているという気持ちがあることです。ただし、介護者の性、年齢、文化により、受けるストレスに明らかな違いがあり、それにどう対処するかも違ってきます。

様々な介護者

ご自身の状況を把握するために、これまでいろいろな研究者が探り当ててきた内容を振り返る「ミニ講座」をお受けください。まずは介護者の性、年齢、人種と民族性、対処法についての差を見ましょう。

性

世界的に見て、今も女性が介護するのが主流です。介護が必要な家族の年齢にかかわらず、介護の主役は本人の母、妻、娘、義理の娘、姉や妹です。アルツハイマー病の場合、介護者の多くは成人した娘です。[2]

現在、男性介護者の数は増加していますが、[3]最も難しく、最も孤立を強いられる役回りの介護（食事、入浴、排泄、着替え）は、まだ女性が担当することがほとんどです。男性はといえば、介護の資金管理や介護プランの準備の面で支える傾向があります。[4]介護という実務は孤独な作業ですから、この仕事内容の男女差により、女性介護者のほうが、ストレスを感じ、不安で、気分が沈んでしまうという調査結果が出たのかもしれません。[5]

年齢

年齢については、あらゆる種類の病気の介護者の大多数は、三十五歳から六十四歳の間です。典型的な介護者は、四十六歳の女性ということです。[6]六十五歳以上の人を介護するのは、平均六十三歳の介護者であり、特筆すべきは、そうした介護者の三人に一人の健康状態が良くないことです。[7]

研究者たちは、より高齢の介護者が大きな危険に曝《さら》されているという状況を確認していますが、成人した娘が介護する場合の危険性も高いのです。彼女たちは親の介護だけではなく、子どもの世話もしているからです。若い層の介護者にこの二重の責務がある場合、自分自身の欲求を満たす時間はほとんどありません。そのため、その人自身の人間関係が脅かされることもあります。

人種と民族性

人種と民族性も、介護者が申し立てるストレスに影響を与えています。アフリカ系アメリカ人の介護者は、白人の介護者に比べ、ストレスや気分の落ち込みが少なく、より報われていると感じています。[8]ヒスパニックやアジア系アメリカ人介護者は、白人介護者より、鬱《うつ》になりやすいとされています。[9]

誰が介護するかについても差があります。介護が必要な七十歳以上の人を対象に傾向をまとめると、白人では介護するのは配偶者であり、ヒスパニックでは成人した子ども、アフリカ系アメリカ人では家族外の人です。文化の差に焦点を当てた調査を進めていく必要があるのは間違いないでしょう。そこから、介護者の心身の健康を保つ術を学び合えるはずです。

対処法――再び性の問題

男性と女性では、対処法が異なる傾向があります。男性は問題に焦点を当てて対処し、女性は感情に左右されて対処することが多いのです。ストレスの度合いを下げるために重要なのは、うまく事を運ぶだけの力が自分にあると感じられることです[10]。自分自身について、問題解決の主体となれる能力をどう見るかが、自分で選んだ対処法が有効なものになるかどうかに影響を与えるのです[11]。

基本的に自分が自律しており自分のことは自分ででき、大体のことで結果を出していると思えるなら、対処法についても結果が出せるようです。ところが、認知症に生活を支配されている場合、自律と自尊を保つのは簡単なことではありません（第7章参照）。

このことを考える時、再び性の問題に立ち返る必要があります。介護者数では女性が圧倒的であることはさておき、研究者によると、女性が持つ何かが、男性より介護ストレスに弱い原因となっています。その弱さは元をたどれば、より感情面に重点を置きやすい対処法から来るのでしょうか。男性介護者の多くが取るような、問題解決型の対処法（判断と論理を重視）は、女性介護者にも、より有効なのでしょうか。考えてみる価値がありそうです。

私自身の臨床経験では、男女にかかわらず、すべての介護者に、両方の方法を実行してみるよう勧めています。投薬や予定の管理など、決断し、問題を解決し、正確に業務をこなす必要がある時は、認知面を重視する対処法を選びます。そのためには、判断と論理的思考が欠かせません。悲しみ、怒り、無力感、絶望感などの感情を受け入れるためには、感情をベースとする対処法で取り組みます。信頼できる友人や専門家への相談が役立つかもしれません。同様に、詩の朗読をしたり音楽を聴いたり、何らかのリラックス法を見つけたり、眠ったりすることも助けになるでしょう。

おそらくは自分が女性で、また心理療法家であるからでしょうが、感情を基礎とする対処法を大事にしています。音楽は日々のストレスを和らげてくれます。映画――現実から離れる幻想の二時間――はいつでも心理療法のように感じます。読書は心地よい楽しみであり、何にも邪魔されず没頭できるひと時は、心のご馳走といえます。最近では、ヨガが心身ともに落ち着かせてくれます。

介護者としての皆さんに制約があるのは充分承知していますが、それでも、感情を鎮めるために自分に有効な何かを見つけることが大切です。長年にわたり、介護者の方々が何が有効だったかを話してくれました。次のような様々な事柄が挙がりました。ピアノを弾く、教会や礼拝堂へ行く、歌う、家の外での仕事を続ける、友人とトランプをする、友人と食事をする、読書会に参加する、テレビを見る、詩を読む、編み物をする、仲間と週に一度ゴルフに出かける、祈る、瞑想する、運動する、女同士で出かける、それに、夜たっぷり眠るというのも、もちろんあります。家の中、それに家の外や他の人と一緒にする活動で、自分の感情を落ち着かせてくれるものを見つけましょう。時には外の空気を吸い、自分自身を見出すことが必要なのです。

私は感情を基礎とする対処法に大変価値を置いてはいるのですが、認知的手法を使うことも、私を知る人はすぐにわかってくれることでしょう。私は情報中毒で、結論を出す前に他の選択肢を調べ上げないと気が済みません。可能なリストを作り、目標を設定し、問題解決の理論も用います。これを書く前は、自分がどんな対処法を使っているのかについてあまり考えていませんでした。今なら自分が両方の方法を用いているとわかります。よくある言い方ですが、両方の世界の長所を生かしていると思います。

次のことも試してみてください。どちらの対処法を、どういう時に、自分が選んでいるかを考えます。どちらかの対処法に偏っている場合は、ストレスに対処して何とかするための手段を多様にして、心を落ち着かせられないかどうかを自分に問いかけてみてください。しかし、どちらの対処法を採用するにしても、あなたに良い効果があるかどうかは、前向きな姿勢であるかどうか、つまり、絶望的なことから目を背けるのではなく、たとえ難しい状況でも何とかできるのだと、自分を信じることができるかどうかにかかっていることをお忘れなく。

前向きな姿勢とは、時に思い切り泣くのも禁じるという意味ではありません。むしろ、ある介護者が話してくれたように、「どうしようもなくなったら、ガレージに行って車に乗り込み、窓が全部きちんと閉まっているか確認して……叫びまくるんです」。これが、夫を怖がらせないで自分の心を鎮める、彼女なりの方法でした。彼女は、自分にストレスの発散が必要な時があるとわかるほどに、自分のことがわかっていたのです。そして、実際的な良い方法を見つけたのです。

前向きな対処を心がけるなら、自分の感情を把握することを習慣にする必要があります。たとえば、前章に登場したエマは、自分の感情を捉え、それからストレスの解放のために行動しました。前向きな面に自分自身の足場を置いたのです。「良いことはもっと良く、悪いことは消し去れ」という、あの古い歌の歌詞*1にように。エマは自分を哀れむわけでもなく、希望的観測に囚《とら》われてもいませんでした。自分の感情を意識することにより、自分にとって必要な変化を引き出すことができたのです。

対処し乗り切ることへの障壁

各人の対処法、性、民族性により、誰が介護し、どう対処し、やりくりするかが影響を受けるのに加え、介護者が必要以上にストレスを受ける原因ともなる障壁があります。そのほとんどは不要なものであり、家族また地域が変えると決断すれば、変えられるものです。皆さんが抱える問題はそれとは別のものかもしれませんが、私がここで取り上げるのは、家族対立、ストレスの蓄積、否定的な判断、孤立、文化的な偏見（決めつけ）、硬直した見方、それに、曖昧《あいまい》さへの不安です。

家族対立

ストレスを乗り越えるうえで障壁であり、介護者にとって、最も有害なことの一つが、家族の対立です。極端な場合、ただ意見が違うというだけで、その違いが古くからのものであっても、新しく起こったことであっても、介護者が自分自身の家族の中で除け者にされてしまうのを私は目にします。すでにストレスを抱えている介護者から、余分なストレスを取り除くためという理由だけでも、家族心理士や家族療法家が、いさかいを治める手助けをするのに充分なくらいです。特に、血縁のない親子兄弟姉妹関係を含むステップファミリー[*2]は、家族療法を受ける必要がありそうです。遅い結婚であり、子どもが、家族の中では比較的新参である介護者に反発してくる時はなおさらです[(12)]。信頼の問題は、外部の専門家が入り、聞き取りをして問題を整理し、対立する関係を和解へと導くことなしには、普通は解決しません。

もっとも、それまで仲良くやってきた家族でさえ、病気やその介護に曖昧《あいまい》さが伴う場合、意見が食い違い、言い争うことになりかねません。家庭内にいさかいがある時、介護者の鬱《うつ》に繋がると考え及ぶ人はほとんどいません。しかしながら、いさかいを減らすことが、家族の介護者が健康を崩さないために、疑う余地なく重要です。

一つ喜ばしいのは、介護者の重荷感が、家族のねぎらいによって実際に低減することです[13]。研究者の報告を聞くまでもありません。感謝を表わすという働きかけに、難しいことは何もないのです。近くや遠くの親戚が、現場の介護者に「ありがとう」と言葉をかけるのが最優先事項だと気づいてくれないものだろうか と、私はよく思います。介護者に電話をかけたり、花やお金や食べ物を届けたりならできるはずです。それに、一週間か、たとえ数日でも、介護を買って出て、心身を消耗する仕事から介護者を解放して、旅行にでも行けるようにしてあげる必要もあります。介護者たちは、電話も知らせもないのは傷つくと言っています。見捨てられたように感じるのです。そういう時、私は彼らに、助けを必要としていると家族や友人に伝えるよう言います。何かの仕事を代わってくれるか、休ませてくれるよう率直に頼むのです。手伝ってくれるのを待つのはイライラのもとですし、無駄に終わることがほとんどです。必要なことを自分から頼んでみましょう。自分を主張できるようになりましょう。それを私のせいにしていいし、かかりつけの医師に言われたと言っていいのです。

家族のチームワークなしに介護者の健康は守れません。そこでお勧めするのが家族会議です（電話のスピーカーフォンやスカイプでの参加も可）。ストレスや困難に見舞われ、家族の面々が向き合う必要を感じた時、共通の敵は認知症なのだと改めて思い出し、何としてでも、困っている家族に皆で手を差し伸べるのは、家族全員にとって価値あることです。この問題については、第7章でさらに説明します。

ストレスの蓄積

今あるストレスの山に、認知症による喪失を加えるとするなら、これまでの私の話からおわかりのように、一度きりの問題では済みません。時間をかけ（たいていは長期間にわたり）山あいに流れる川のところどころにできている小さな滝のように、一つまた一つと喪失が起きます。認知症患者にとってそれは、記憶をなくし、旅行ができなくなり、歩けなくなり、人の見分けが付かなくなり、排泄が調節できなくなり、最後のほうには、飲むこと食べることができなくなるということです。何とかしなくてはならない障害が次々に現れるのです。

あなたにとって、または介護を担うあらゆる人にとって、それは、以前のままの愛する人を失い、それまでの関係が失せ、夜安らかに眠るという基本的な欲求を奪われ、夢と目標を失い、人生のその段階で当然得られるべき余暇の時をなくし、自分自身の人生を自分の手で思うように動かすことができなくなることにほぼ等しいのです。この次々と訪れる喪失によって、介護者が弱っていくのは容易に理解できますが、外部の人間にはそれがほとんどわからないのです。相談を受ける中で、連続する曖昧《あいまい》な喪失について、たくさんの話を聞きましたけれども、いくつかの異なった曖昧《あいまい》な喪失が一度に重なる例が珍しくありませんでした。たとえば、成人の娘が高齢の認知症の父親と同時に、幼い自閉症の我が子の世話をすることになるという二重の喪失体験、やはり成人の娘が母親を介護施設《ナーシングホーム》へ送り出すのと時を同じくして、子どもが遠くの大学へ進学してしまうという二重の喪失のように。このような何重もの喪失は、激しい打撃となります。専門家も一般の人々も、介護者の生活にのしかかる負担がこのように複雑であることを見過ごしがちです。

否定的な批判

介護者にのしかかる言葉にならない負担の一つは、親類にせよ専門職の人たちにせよ、他者から下される判断ではないかと思います。たいていの介護者はこうした判断が、結果としてストレスが増すだけだと気づいていています。診療に当たり、介護者からよく耳にしてきた言葉があります。それまでにあまりにもたくさん泣いてきたので、葬式の時に流す分がないだろうというものです。私は、涙が出て来ないのを批判する人がいても気にしないよう言います。これまで充分に悲しんできたのですから。長期にわたる認知症にはよくあることです。フライパンに施されるテフロンのようになりましょう。自分への否定的な批判を張り付かせない自分になるのです。

専門職の人たちもまた、介護者を判断するのに否定的な見方を取るかもしれません。長期の介護に携わっている女性が、ワークショップに参加してくれました。ここではヘレンと呼びます。彼女はこう話してくれました。「何かを教えてあげると目を背けるね、と医者が言います。そうではありません。一度胸の奥にしまっているのです。もっとその痛みに耐えやすい状況になったら取り出せるようにです。脳の機能が損なわれていて、良くなることはないと医者が言います。私は聞いていないかのようなそぶりをしますが、ちゃんと聞いています。悪い知らせはしまっておいて、あとで改めてそれに向き合うのです」。

ヘレンは、自分の対応が本当に否認に当たると思うかと、私に尋ねました。「いいえ」と私は答えました。「あなたは自分が何をしているのかをわかっていますよね。短い期間であれば、受け入れないという対応が実際の助けになることもあります。とても悪い知らせを少しの間でも遅らせるために、その予防をしていると意識しているなら、なおさらです。実際のところ、苦痛となる知らせに対するストレスを乗り越える、とても良い方法を見つけた、といってもいいくらいです」

ショッキングなことを知り、思うように事が運ばない時、受け入れるまでに時間が必要になります。

孤立

認知症感患者を介護する人が孤立するのはよくあることです。そうした介護者は高齢の傾向にあり、元気とはいえない場合が多いので、外出や旅行がしにくいからです。結果として、介護者は他の家族と過ごす時間が減り、休暇や趣味、その他の人付き合いを諦めてしまうことがあります。孤立すると、介護者の重荷感と鬱《うつ》の度合いは高まり、次にはそれが、認知症を患う人の行動に問題を増やすこととなります(14)。別の言い方をすると、人付き合いから遠ざかると、介護者と認知症を患う人の両方に悪い影響があります。この点は大変重要なので、別の言い方で念を押したいと思います。何らかの社交を維持して、孤立しないようにしましょう。それは、あなたと介護される人の両方の幸せにとって、欠くことのできないものです。

文化的な偏見

ストレスに対処するうえでの別の障壁には、文化的偏見という問題があります。認知症がどう受け止められ、どんな偏見を受けているかには、大きな文化的差異があるのです。研究者ペギー・ディルワース＝アンダーソン[*3]は、家族介護のプロセスが文化と民族性に影響を受けると断言しています。特定の家族にとって介護がどのような意味を持つか、誰がどのように介護に従事するか、それらの決め手となるのが、文化と民族性だと言います(15)。

また、研究者たちは様々な文化を調べ、次の三点を明らかにしました。①女性の介護者のほうがリスクが高い。②白人の介護者のほうが、アフリカ系アメリカ人の介護者より、鬱《うつ》に陥りやすい。その理由は、介護の仕事と認知症そのものの受け止め方の違いにあるのだろう（白人が認知症を不名誉と感じる傾向にあるのに比べ、アフリカ系アメリカ人は人生がたどるべき一部だと見ている）。③アジアの文化においては、高齢の家族を世話するのは義務だという感覚が非常に強い。同時に、恥意識のため外部に見せたくないという思いも強いので、介護者への社会的また精神的支援が不十分である[16]。

ここからわかるように、中国と韓国の介護者は、負担と気分の落ち込みの度合いが、欧米の介護者より大きかったのです[17]。アジアの文化にはもともと親孝行の教え（子は老いた親族の世話をすべきである）がありますが、一方で、認知症患者に対する文化的偏見もあります。そのため、介護者が孤立してしまいます[18]。これは良くないことです。そう言えば最近になって、韓国では今、子どもたちが認知症の人々と共に過ごしてみるというトレーニングを受けているという記事を読みました。人々が高齢化する社会について知り、それを支える方向へ変化している良い見本です[19]。

家族、友人、地域が肯定的にみてくれるという支えは、介護者の健康にとって必須のものです。もしあなたが、介護者の誰かの親類や友人であるなら、あなたが他の人に教えられるようなコミュニティの中で、少なくとも一人には、認知症と介護について理解してもらってください。認知症患者を不名誉な存在として扱うことは、介護者をも傷つけるということを人々は知る必要があります。社会は介護者なしには成り立たないのです。

硬直した見方

ストレスの要因は様々でも、皆さん一人ひとりが、愛する人の認知症とその状況があなたに意味することには、自分なりの見方があることでしょう。相手が一人であれ、夫婦である二人であれ、家族、またいくつかの家族の集合であれ、私はいつもこう質問します。「今の状況はあなた（あなた方）にとって、どんな意味を持っていますか」。考えが硬直していると、ストレスに対処する妨げになります。

実際のところ、答えは、夫婦の間でも、家族の間でも分かれることがよくありますが、家族が状況を別々の見方で捉えていても構いません。認知症の例のように、喪失が曖昧《あいまい》なものであれば、その喪失が持つ意味について、各々の意見が食い違うのはもっともな話です。私は、お互いの見解について耳を傾けるだけでよいとその場で伝えます。正解か不正解か、普通かそうでないかで争うためのプロセスとして意見を言わせるのではありません。曖昧《あいまい》な喪失の意味を理解しようとしているのであり、それを、各人が独自のやり方で行なうのです。状況を正しく解釈しているかどうかは重要ではありません。当たり前ですが、その観点が自分や他の人々の生をおびやかすような場面なら、話は別です。曖昧《あいまい》さに耐えられず、このような状況下で危うさを感じさせるほど、自暴自棄になる人がいます。この場合はすぐに治療的対応が必要です。

私の臨床経験では、あくまでも認知症の曖昧《あいまい》さと自己流に格闘しようとする人が見受けられます。そうした人々は早い段階で、現状を次の両極端のいずれかとして考える傾向があります。①どこかがおかしいということを否認する、②病人をすでに亡くなっているか、人間ではなくなっている（ただの抜け殻だ、など）と思う、というものです。すでにお話ししたように、どちらの極端な見方も無益です。真実はその中間に存在するのです。

曖昧《あいまい》さへの不安

認知症の人に対処していくには、私たちは白とも黒とも付かない部分を抱えて日々を送る能力が必要となります。認知症の父を持つある会計士の男性には、それができませんでした。曖昧《あいまい》さが怖かったのです。「父を家具だと考えて、ぶつからないようにしていれば、何とかなります」と、男性は言いました。私は唖然としました。それでも、認知症という現実に多くの人がおののき、実際にはそうでないのにもう終わりだと決めつけてしまうものだということを私は知っていました。これが、曖昧さへの不安です。そして、状況に耐えられないので、無理やりに、人為的な明快さを作ってしまうのです。

行きつくところ、次のような問いを突きつけられます。「曖昧《あいまい》さにどの程度耐えられるか」「ここにいると同時にいなくなってしまった愛する人と一緒にいて、心穏やかでいられるか」「完璧とはいえない関係に甘んじられるか」。

その男性に、これらはできませんでした。ところが、彼の若い息子にはできたのです。息子は、時間をかけて、祖父の記憶はすでに全く失われていたのですが、再び介護施設に父の足を向かわせるまでにしたのです。共に介護施設を訪ねるうち、父と息子との絆は深まり、会計士である父はしだいに曖昧《あいまい》さに耐える力を身に付けました。仕事柄、それは簡単なことではありません。自分の職業生活においては、その職務の遂行と問題解決に良いということになっている明快さを求めるという資質が、親密な間柄の家族生活においては、不幸をもたらすこともあるのです。

認知症の人々は、相手が誰かを必ずしもわかっているのでなかったとしても、触れられ、声をかけられるのを望んでいます。その望みにどう答えるかを私たちは学ぶことができます。自分の人間性にかかっているのです。何かしてあげても、少なくとも意図的にはお返しをすることができなくなってしまった人でも、私たちは何かを与えることができます。親しい間柄では、いつも帳尻を合わせる必要はないのです。

人間関係というものは、与えた分だけ常に返ってくるわけではありません。相手に無条件に、何の見返りも期待せずに与えられるかどうかで、エゴと品性が究極的に試されます。そのように与えることができるなら、ある程度自分の心は満たされ、平穏になり、自分自身の痛みが和らぐこともあるでしょう。

ルースの場合を見てみましょう。前章で私たちは、彼女の夫が脳卒中に見舞われ、その後、認知症に陥ったことを知りました。ルースは夫の介護を続けていくうち、ずいぶん前に、認知症が一回だけの喪失ではないと悟っていました。夫に下された診断は、その後に現れる幾多の喪失の皮切りに過ぎませんでした。長年にわたり、一つまた一つと失われるものがありました。性的な触れあいがなくなり、夫には彼女が誰かわからなくなり、夫が彼女なしで生きていけなくなるにつれ、友人と楽しく過ごす時間もなくなりました。新たな喪失を感じるたび、ルースはしばらく茫然自失のようになりました。が、やがて足場を見つけ、どうやって次の一歩を進めればよいかを見出していきました。ある支援グループから、そうした喪失をつらく感じるのは自然なことだと教わり、苦痛が和らぎました。支援グループは彼女にとってかけがえのないものとなり、そのうちの何人かとは大変親しくなりました。「同じ船に乗って」いる人々と触れあうことで、新たな衝撃を受けても、そのたびにルースは力を取り戻す道を見つけました。専門家の話と書籍から情報を得て、重要な決定をしていくことができました。音楽を聴き、詩を書き、教会に通うことで、自分を元気づけ、前進し続けることができました。介護者としてのルースの旅は、五年にわたりました。[20]

介護者が気分を落ち込ませ、それから立ち直るという状況は、専門職の人の多くが考えているより、日常的に起こっているものです。ただ、それは人によって様々な形で現れます。私たちの誰もが、なぜそのような違いが出ているのかを理解する必要があります。最も傷つきやすいのが誰であり、その原因は何かを知り、また、それぞれの克服していくやり方の違いを学ぶのです。そうすれば、介護を引き受けるうえで、一つの正しいやり方があるわけではないとわかるでしょう。ここで重要なのは、ストレスに対処する時の障害を取り除く必要があるということです。そのために、社会全体とはいかなくても、より大きな地域社会が支えなくてはなりません。地域で周囲の人々と一緒に声を上げ、認知症についての公教育の機会が広がるよう働きかけましょう。人々の認知症への恐れのせいで、自分も、介護の対象である愛する人も、孤立させられることがないようにしましょう。

【振り返り、考えるためのヒント】

◉認知症の人と歩む途上で、立ち向かい復元力《レジリエンス》を保つために、自分のストレスの原因を具体的に書き出す。問題点とその複雑さがわかれば、対処するための第一歩が踏み出せる。

◉介護のストレスは、肉体、感情、精神、金銭、社会に関わるものがある。加えて、性別、年齢、人種、民族による違いも介護者に影響を与える。あなたには何が当てはまるだろうか?

◉男女の役割について硬直した文化的規範があると、女性介護者に大きな負担がかかり、近年数を増している介護者の役割を果たそうとする男性に、偏見の目が向けられてしまう。

◉あなたに役立つ情報を提供することを「心理教育」と呼ぶ。最も効果的な介入形態の一つである。

◉情報の他に人との絆が対処の助けになる。友人であれ支援グループであれ、心からあなたを応援してくれる人を見つけよう。

◉ストレスと付き合い、問題は解決できるのだという自信を持つと、状況に取り組みやすくなる。自分はできるのだと強く信じることで、本当に力が増す。

◉認知症の場合、喪失は何度にもわたって次々と起こる。そのため対処し嘆き悲しむプロセスは、進行形のものとなる。このため最も心が強いような人や家族にとっても、高いストレスとなる。

◉対処や遂行の障壁となるものは、物のわかった専門職の人の援助と同様に、社会教育によっても変えていくことができる。

◉復元力《レジリエンス》があるということは、逆境から回復していく以上の意味がある。体験から新しい力を得ることを意味する。愛する人が認知症の場合は、復元力《レジリエンス》は曖昧《あいまい》さと、終わりがないことによるストレスや不安に対してもっと楽になれるということを意味する。

第4章

終結という神話

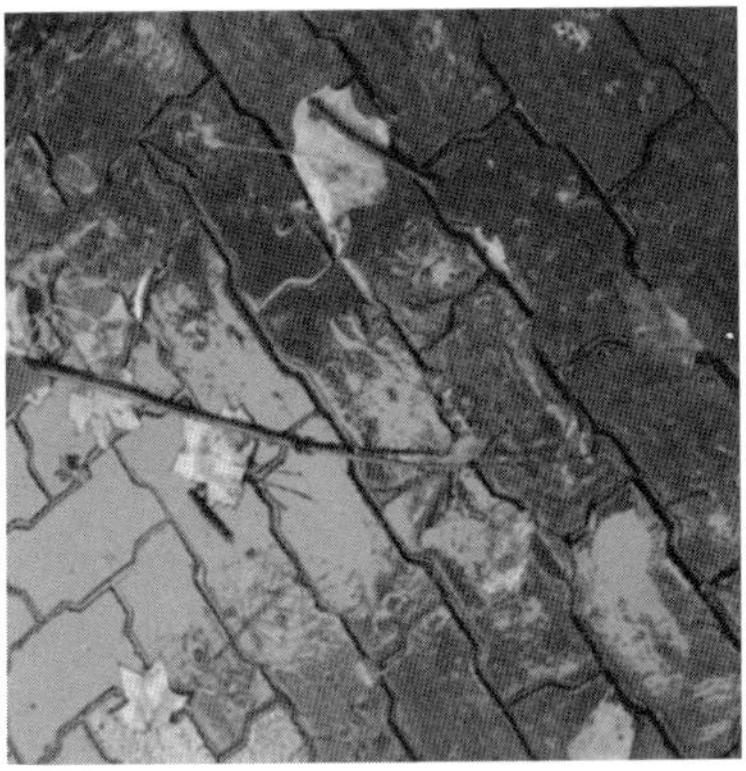

扉《とびら》はもう閉まっても鍵はかかってもいないと、しだいに感じるようになってきた。（C・S・ルイス『ある悲嘆を見つめて』一九六一年）

一九六〇年代から、流行りの心理学者、ジャーナリスト、テレビパーソナリティの人たちがよく口にしたためでしょうが、終結を見出すという言葉がアメリカでは普通に使われるようになっています。アメリカ社会で使われる時、たいていその言葉は、悲嘆は終わるものだということを意味します。そうなると、目指す地点が、喪失を乗り越えて先に進むという行為の一つに過ぎないのだということになってしまいます。

こうした考え方は、私にとって気分が悪いものであると同時に、死を否定するだけではなく、愛する人を失うことに区切りが付けられると見なす文化の価値観にどっぷり浸かっていると感じられます。認知症について考えれば、「終結」は神話に過ぎないとわかります。認知症と日々向き合っている人に訊けばわかることです。

私が最初にその真実を知ったのは、身体的な喪失を抱えた家族を通してでした。一九七四年、博士課程の学生として研究プロジェクトに従事していました。ベトナムでの戦闘中に行方不明になったと宣告を受けた空軍パイロットの妻たちに話を聞いたのです。当時、家族は愛する人の生死がわからず、その後もほとんどの人が、結果を知ることのないまま残りの人生を送らなくてはなりませんでした[1]。行方不明のパイロットの妻たちと会った時、何度も耳にしたのが『星の王子さま』のことでした。この物語に慰められた妻たちが多かったのです。それまで私は、この本は子ども向けだと思っていましたが、妻たちの話をきっかけに、描かれているのが、墜落した飛行士であり、また、愛する者を失った時、現状に意味を見出すための苦闘であるのだと知りました[2]。アントワーヌ・ド・サン＝テグジュペリやC・S・ルイスのような作家たちが、本章の始めの言葉にあるように、物語に喩《たと》えて、喪失への扉《とびら》は「閉まって鍵がかかって」いる必要はないと教えてくれています。

あれから何十年も過ぎて、サン＝テグジュペリの小さな本を読み返しました。おそらく私が歳月を重ねたせいでしょうが、あまりにも多くの友人が認知症という病いで墜落した今、精神的に行方不明になることについて私は考えを巡らしています。サン＝テグジュペリは愛する誰か（ここでは星の王子さま）が、まだ同じ場所にいるにもかかわらず、みるみるうちに去りゆく様を綴《つづ》っています。

「ぼくは何か普通でないことが起ころうとしているのを覚った。ぼくは小さな子を抱くように彼を腕で抱いていたけれど、それでも彼が深い穴にまっすぐ落ちていってしまって、ぼくには取り戻しようもないのだという感じは消えなかった……」[3]（池澤訳）。

その後、サン＝テグジュペリはこう書きました。

「古い殻を脱ぎ捨てるようなものなんだ。古い殻が悲しいわけないだろ……」[4]（池澤訳）。

私が臨床を重ねる際に、家族が、認知症になった愛する人を、「昔の本人の抜け殻のようだ」（池澤訳）と言うのをしばしば聞きました。「そこに誰もいない」「ただの抜け殻になっていて、彼女はもう死んでいると思っている」という言葉もありました。けれどもサン＝テグジュペリは、私たちに、古い殻を愛するのもよいことだと教えてくれています。私も同じ気持ちです。

元の自分の抜け殻となってしまった人を愛するのは、讃えられるべきことです。そして、「本当に重要なこと」[5]なのです。認知症と向かい合って生きる人は、そのことをよく知っています。もし地域が、「抜け殻のような」状態にますます陥っていく人の介護を無価値と見なすなら、その困難な仕事に就く人たちはさらに人前に出せないものとなるでしょう。

もちろん完全な状態で目の前にいる、そういう存在と関わり合いたいと人は思うものですが、そこまでいかないものであれば、認知症の人と関係を築けるのだということがわかります。一部欠けた状態であっても、差し支えないといえるのです。相手が完全に存在した状態でなくても、介護を続けることができるのです。

だいぶ前に亡くなった母方の祖母エルスベスのことを、私は、宝石箱の中の遺品、ピンクゴールドのブローチを見るたび思い出します。一九一一年にスイスを出てウィスコンシン州ニューグララスに移住する時、祖母はこれを自分の荷物に入れたのです。教会やコンサートに盛装して出かける時、必ず身に付けていました。その後、七十代になって、当時でいう老年痴呆の診断を受け、しだいに私の知らない女性に変わっていきました。以前のままなのは外側だけでしたが、私は変わらず祖母を愛しました。小さかった私を抱いて揺すってくれた祖母、私の子どもたちにもそうしてくれた祖母、スイス・ドイツ語で同じように歌ってくれた子守歌を私は忘れませんでした。あのピンクゴールドのブローチ――祖母が元気だった頃のシンボル――を見ると、認知症が以前の祖母を連れ去ってしまった当時、若い母親だった私の心は慰められました。そして今、私自身に孫がいます。祖母が亡くなって長い年月が経ちますが、祖母に繋がる扉《とびら》を閉めてしまう必要はないのです。

私にとって、その扉《とびら》はピンクゴールドのブローチでした。サン＝テグジュペリの物語のパイロットにとっては、彼が愛した存在の、金色の髪を思い起こさせたもの、それは黄金色の小麦でした。「小麦は金色だから、おれは小麦を見るときみを思い出すようになる。小麦畑を渡る風を聞くのが好きになる……[(6)*1]」。

誰かを愛する時、その人の一部または全部がなくなっていようとも、満ち足りていた日々の触れ合いやその人の様子を思い出すことができます。「終結」なんてことはあり得ません。過去を、愛する人が輝いていた日々を、振り返るのは当たり前のことです。すべてが変わってしまったと、充分に承知していたとしても。

終結という考えがどこから来たか

哲学者や、昔の心理療法家、今では神経科学者は、人間は確かな解決を好むという考えを支持しています。喪失という状況に当てはめれば、それは「終結」を意味します。あなたの愛する人はここにいるか、いないかのどちらかです。中間はありません。文化的価値観が、あなたが終結に重きを置くようになるか、それならば、どのように終結すると考えるか――正式な死亡診断書、目に映るもの、夢を通してかもしれません――ということに影響を与えます。いずれにしても、愛する人がここにいるのかいないのかわからないなら、大変に心が痛むでしょう。愛する人が認知症の場合について考えてみると、そのように確かさを欠いた状態で日々を送らざるを得ません。終結とは、神話に過ぎないのです。

一九七〇年代に、ゲシュタルト療法家フリッツ・パールズ[*2]と、私と同じ時代を共有した師であるカール・ウィテカー[*3]が、《閉合の法則》について書きました。パールズは、欠落した部分を埋めて閉じ合わせる、つまり終結することは、自己にまとまりをつけ、完全なものにし、均衡を保たせようとする人間の特性だと見ています。[7] パールズは、人生が整理整頓されているものだとでも考えているのでしょうか。

終結を望もうとも、愛する人が認知症であるなら、かなわないことなのです。その人との関係全体が、存在していながら不在であるという二重性を土台として成り立っています。そこには完了も均衡もあるはずなく、不安定さが大きなストレスを招くかもしれません。

今日、研究者たちには、人間が整然とした状態を求めるという確証があります。神経心理学者たちは、脳が曖昧《あいまい》さを好まず、それに直面した時、非常な認知的努力を払って、疑いのない、またはっきりとした解決を探すことを見出しています。[8] 認知心理学者は、生来、人間の心は曖昧《あいまい》さを消し去ろうとするものだと認めています。人間は、確定的な解決、また最終的な結論を欲するものであり、これは《認知的対処《コーピング》》と呼ばれています。[9]

認知症に整然と終わるのを望んでもかないませんから、代わりに、片を付けるのでなく意味を見出すことで、ストレスの度合いを弱められるかもしれません。つまり、曖昧《あいまい》さと戦うのではなく、そこに意味を見つけるのです（詳細は第7章～第9章）。

ウィテカーとパールズが、混乱した不明瞭な関係が苦痛であることにうなずくかどうか、今の私たちに確認する術はありません。それでも私は、臨床で見てきたことからも、また、自分の高齢の親族や、脳卒中後に生きながらえた、師であるカール・ウィテカーを訪ねた経験からも、愛する人の人生に整然とした終結を期待するのは、全く話にならないと思います。

早期に最先端の研究を進めた人々は、ほとんど間違いなく、認知症を考えに入れていなかったでしょう。そうではなく死んでしまった人に踏ん切りがつかない人間関係のパラドクスのほうを見ていたのです。今、私はパールズの有名な「ゲシュタルトの祈り」に新たな意味を感じます。「あなたはあなた、私は私。お互いを見出すことがあったなら、それは素晴らしいこと。見出すことがないのなら、それは仕方のないこと」[10]。これは介護者のための祈りともいえるでしょう。なぜなら罪と非難を取り除いてくれるからです。認知症が、あなたと愛する人とを認め合えなくさせるなら、そこに裁きはありません。ただ、そうあるだけなのです。

ここで問題になるのは、意味を見つけ出すよりも、終結する方法を見つけようとする熱意のほうがいまだに大きいことです。医療や精神保健の専門家から、悲しみを扱う心理療法家、友人、親類に至るまで、死を悼むのを止めて踏ん切りをつけるようにと、要求ではないにしろ、勧めてきます。そうしないでいると、普通ではないと見なされます。

私の知見からすると、介護者が慢性的な悲哀を抱えていることが孤立の原因になります[11]。そうした悲しみに恐れを感じて、人々が距離を置くのです。（誰も死んでいない場合）そのような悲しみや嘆きは、死を拒む社会の中でなかなか理解されません。そのため、悲しみを和らげる方法を探すのではなく、周囲は介護者の悲しみを鬱《うつ》という名で片付け、孤立から楽にしてあげるような手は何も打たないことがよくあります。

ここで私の考えをまとめてみます。思い通りにしたりコントロールしたりできることに価値を置く文化において、人は終結するように要求されます。死を否認するような文化でも、苦痛は避けられると信じられている文化でも、同様です。また、私たち自身が抱く死への不安も、終結を求めてしまいます。社会も個人も、終結を強く求めているので、認知症の人を愛するのは苦労が多い道となります。愛する人が認知症なら、すべてを思い通りにすることと、あるがままに受け入れていくこととを、どうバランスを取っていくかが問題になります（第7章参照）。

終結せずに生きる

アメリカ社会においては、終結しなくてはならないという圧力が強いでしょうが、それが、自然に反し、癒やしを妨げていると見る人々が少なくありません。例を挙げれば、私が治療に関わったアジア系アメリカ人の中には、愛する人が亡くなったあとも、わざわざ思い出の品を置いたり、祭壇を設けたりして、その存在を意図的に保とうとしている家族もいました。メキシコ系アメリカ人の家族には、毎年、「死者の日」という祝日があり、墓地を訪ね、家族で集まってピクニックをするのを楽しみにしている人たちもいました[12]。彼らは死に対してあまり不安を抱いていません。専門家が善意で終結を強いれば、かき乱されるに違いないでしょう。

あの同時多発テロの九・一一のあと、マンハッタン南部で移民家族のために仕事をした時、ちょうどそういう状態を感じました。どの家族も、愛する誰かが行方不明になっていました。彼らは、急いで悲しみを切り上げはしませんでした。これらの家族がなぜ悲しみをまだ「乗り越えて」いないのか、質問しようとする記者を私は追い払わなくてはなりませんでした。彼らは肉親が亡くなったという証明書を強く望んでいましたが、悲しみが本当に消える日は来ないと知っていました。しかも、話をした家族のほとんどは、愛する人にまた会えると信じていましたし、言葉を交わすことさえあったのです。私が姉と話したようにです（第2章参照）。私は中西部の人間ですが、ニューヨークで会ったラテン系の家族たちには仲間のような親しさを感じました。何回かの訪問のあと、子どもたちが私を中西部のおばあちゃん《アブエラ》と呼んでくれた時はとても感動しました。

人と人との繋がりは、時と場所を越えゆくものです。それを考えると、ストレスが和らぐでしょう。現在があまりに苦痛で混乱した状況ならば、過去を思い出してください。そして、未来が扉《とびら》を閉めてくれるのではなく、さらに重度の認知症をもたらすならば、まとまることのないすべてを、一体にしてみる努力をしてください。いると同時にいない、愛する人たちの心の家族のようなものに（詳細は第5章）。

曖昧《あいまい》な喪失と終結のなさが残したもの

ほとんど認識されていないことですが、アメリカの文化的遺産は、解決の付かない喪失の一つです。奴隷と行方不明家族のたどった道がその筆頭です。[13] ハーバードの歴史学者、ドルー・ギルピン・ファウスト[*4]も、『この苦しみの共和国』の中に、南北戦争中、若い兵士たちの家族には死亡証明も葬るべき遺体も渡されないことが普通だったと書いています。[14] 戦死者は死んだ状態で置き去りにされるか、墓標なく埋葬されました。南北戦争後のアメリカのほぼ全土で、終結というものはないのです。解決されることのない喪失が残っているという事実は、ほとんど理解されないままです。[15]

奴隷について語ろうと、名もなき墓やその場に置き去りにされた兵士について語ろうと、戦争や国、地域からの移住によって家族と離れてしまった無数の人々について語ろうと、私たちの社会は、もともと愛する人から切り離されてきたことが多い社会なのです。こうして、曖昧《あいまい》な喪失の歴史をたどれば、私たちの国は、解決されることのない悲嘆に基づく国だということがわかります。こんなにも多くの人々が死を否認し、その上整然と終結することに固執するのも無理がありません。

解決されることのない喪失に対して、扉《とびら》を閉めなくてはならないという伝統は、今なおアメリカ文化の一要素です。この欲求を和らげることなしには、私たちの中にある喪失への不安が、今喪失に苦しんでいる人たちを孤立させてしまいます。彼らはその悲しみのただ中に取り残されてしまうことになります。

アメリカという国は死を否認する文化です。この否認が、歴史的遺産とセットになって、今、介護者のストレスをさらに強めています。どういうことかと言いますと、死を否認する人々は、余計に認知症に恐れを抱く傾向にあるのです。避けて近寄らないのです。

意味の崩壊

認知症によって変わってしまった関係に意味を見出すのは難しいものです。意味というものが崩壊してしまって、そのために無力感や絶望感が増します[16]。この新たな関係が再び理解できるようになるには、それまでの理想的な親しい繋がり、つまり、釣り合いの取れた役割とはっきりとした境界とがある繋がり[17]は、変わらなくてはなりません。

治る見込みがない病気なら、バランス感覚と自己統制感を取り戻す機会は、状況を新しい視点で見ることでしか得られません。曖昧《あいまい》さが日々変化していくと感じるなら、どこかで終結するという考えを捨て去るのが道理となるでしょう。自分が感じていることに名前が付いていて、悲しみを抱くのは普通のことだとわかると、納得して心を切り替えられます。進行する曖昧《あいまい》さのただ中で、心が平常に戻りたいと願うなら、自分にできるのは、無秩序や混乱を普通なのだと考えてしまうことだけです。

曖昧《あいまい》さに抵抗するより、それを受け入れるほうを選ぶのは、逆説的ではありますが、その曖昧《あいまい》さに意味を見出す一策です。二つの相反する考えを受け入れて生きられるようになってください。ここにいて同時にいない、存在していながら不在という考えをです。愛する人に話しかけましょう。たとえ答えがなくてもそうしてください。身体に触れ、抱きしめましょう。たとえ反応がなくてもそうしましょう。自分自身のためという気持ちで、できる限りその人を訪ねてみてください。それはあなたの人間性を深め、曖昧《あいまい》さへの許容度を高めます。そうすれば、精神衛生にも良いのです。

サラはまさに正面からこれに挑みました。彼女は六十歳で、数年前に「自分でなくなってしまう」徴候を示した夫を介護していました。以前の夫は柔和でしたが、今では怒るようになりました。以前は理性的でしたが、短気になりました。病気が彼の美しい心を奪ってしまいました。専門的な職に就いていたサラでしたが、退職し、フルタイムで夫の介護に従事しました。夫の死後、彼女はこう振り返っています。

　想像以上に大変な仕事でした。なかでも一番ひどいのが、きりがないことでした。二十四時間呼び出しに応じられるようにというようなものです。去年はほとんど眠れませんでした。夫と私はいつもうまくやれていたとは思いません。どんな時も、夫は人の手を借りるのを嫌い、自律を誇りにしていましたから、私が手助けするのを嫌がることもよくありました。私は時にはくたくたになって、堪忍袋の緒が切れることもありました。それでも、私たちは愛し合っていましたし、私は夫に尽くしました……「死が二人を分かつまで」。

サラは、仕事をうまくこなすこと、介護という重労働もできているということに意味を見出したと話してくれました。サラは、夫が日常生活の一つ一つや身の回りのことができるように準備し、代わりに持ち上げたり、外出時に運転手を務めたり、投薬を管理したりして支えました。料理や掃除をして、家事が滞らないようにもしました。充分にやり遂げたという満足感が、一日の仕事を通してサラが受け取るものでした。

介護者のすべてが、サラと同じ意味を感じるというわけではないでしょう。サラは身体がよく動く健康な女性であったからこそ、自分の忍耐と馬力に満足感を覚えたに違いありません。痩せてしまったり、腰痛が出たりと、身体の調子を崩すことも時にありましたが、それに負けない復元力《レジリエンス》を発揮して、重労働を続けました。

サラは夫を五年間介護し、最後まで挫《くじ》けずに献身しました。それでも、早い段階で、二人の関係が何か劇的に変わったということにも気づきました。他に意味を見出せるものがなかったので、サラはできる限りの力で、働き、夫を助けられるということに、意味を感じたのです。

それまで問題があればいつも解決してきたというのが常日頃のパターンだったサラには、状況を受け入れるまでに時間が必要でした。理想的な関係という見方を捨てるのに抵抗がありましたが、最終的には、夫との関係を新しい視点で受け止めました。サラは、彼女自身が変わらなくてはならないと悟ったのです。何しろ夫のほうは変わることができず、認知症もこの先変わらないのですから。

助けになるもの

逆境には必ず打ち克てると信じられている文化では、順応したり妥協したりする能力に対する評価が低いものです。しかし、熟達してやり遂げることが善しとされる文化においても、科学者たちが認知症の予防法と治療法を確立するまで、順応の道を探るしかないのです。差し当たり、解決されない喪失を抱えながらも、必要に迫られて、状況に順応し強く生きられる方法を編み出してきた多くの人々から、学ぶこととしましょう。

認知症に伴う次から次への喪失に見舞われているなら、終結を求めるという考えは捨てることです。その代わり、存在しながら不在であるという、認知症の矛盾と逆説に意味を見出すほうに集中してみましょう。残念ですが、私のいる専門領域の多くの人たちは、エリック・リンデマンの精神医学的な見解に影響を受け続けています。彼は七十年近く前に、悲嘆をうまく処理できれば乗り越えることができると説きました。(18) 悲しみはどこかの時点で終わらせることができると言うのです。しかし、そうではないのです。

今日、「喪失」という問題に取り組んでいる研究者や臨床家は、悲嘆を乗り越えようとそう必死にならないほうが、悲嘆とともに生きるのが容易になると認めています。[19] 認知症と向き合えば、悲しみの扉《とびら》は決して完全に閉じるものではないとわかるものです。

自分を見失いたくないのなら、曖昧《あいまい》さを受け入れると意図的に決心することを目標にすべきです。あなたがそれを選ぶのです。自分がどう物事を受け止め、その意味を理解するかは、自分自身にかかっていることを忘れないでください。

健康な人は終結を見出せるという神話があり、一方で、ほとんどの人が悲しみと共に生きることを学ぶようにしているという真実があります。誰かが世を去っても、その愛する人、失われた人を忘れることはありません。この話は、次の章の話題である、心の家族と呼ぶものへと、私たちを導いてくれます。

【振り返り、考えるためのヒント】

ここにある意見と質問に考えを巡らせ、他の人と話し合う場合、終結することについて、自分の見方がどのように影響を受けたか、考え直してみよう。

◉喪失と終結について、他人の文化的信条と比べてみよう。終結することなく生きるという考えが、今介護者としてのあなたに役立つだろう。
◉あなたは何かにつけ習得して自分の思い通りになる道を求めるか、時にはあるがままに受け入れるか？
◉なかには解決できない問題があるかもしれないこと、愛する人の病気が手遅れにならないための治療法がない場合もあることを受け入れられるか？
◉あなたは曖昧《あいまい》さに嫌気を感じるか？
◉あなたは確かな解決策がないと、気持ちが落ち着かないか？

次の異なる二つの見方について考え、話し合ってみよう。

《絶対思考》

これしかないと考えてしまう絶対主義の人は、確実さと疑う余地のない解答に価値を置く。白黒はっきりつける思考を善しとする傾向がある。認知症に関しては、こうした考え方は、状況を完全にコントロールすることに重点を置くことを意味する。

◉私の意志が充分強ければ、与えられたことを何とかやり遂げられる。
◉自分の悲しみを徹底的に処理できれば、終結を見出せる。
◉私が道義に反することなくしっかり働いていれば、苦しみは避けられる。
◉私が善人ならば、怒りやどっちつかずの思いを抱かないでいられる。
◉私の意志が充分強ければ、終結を見出し、先に進むことができる。
◉私の愛する人は、ここにいるか、いないかだ。両方であることはあり得ない。

このような考え方の人にとっては、悲嘆とは、理性で抑えられる一方的なプロセスだということになる。努力して取り組めば、最終段階まで辿《たど》り着くことができ、終結し、苦痛を終わらせることができるというのだ。努力することについて、欧米的といえるこのような見方をするのは、解決すべき問題が明らかな場合には、強く望まれ高く評価されるのだろう。しかし、問題の種類によっては（認知症のように）、解決の道がない。解決法が見つかるまでは、思考の幅を広げることによって、ストレスを和らげる可能性を考えられるようになる。

《曖昧《あいまい》さの許容》
曖昧《あいまい》さを許せる人は、疑問や不明瞭さが残り、白黒が付かない状態であっても、心穏やかである。喪失と悲嘆についての東洋的な見方が、治ることのない認知症を患う人と生きる時に、助けになる。
◉終結は、望ましくもなければ、可能でもない。

◉ある喪失を忘れようとすればするほど、そのことで頭が一杯になってしまう。

◉喪失を乗り越える必要はない。喪失と共に生きる術《すべ》を身に着ければいいのだ。

◉存在も不在も、すべての親しい関係においては相対的なものである。

◉人生において、絶対的なものはほとんどない。

◉曖昧《あいまい》な喪失と共に生きることは、逆説を受け入れることを意味する。

◉愛する人のことを、存在していて、なおかつ、不在であると考えられる。

◉喪失と苦悩は分けることができない。その人を愛し、精神的に密着しているのなら、なおさらだ。

◉死は、巡る生命の自然な一部である。


このような東洋的な考え方によって、存在と不在との矛盾がより受け入れやすくなる。より心穏やかに、認知症とそれに伴う曖昧《あいまい》な喪失と共に生きることができる。現在進行形の悲しみと苦悩、曖昧《あいまい》さ、不確かさは、身近なものとなり、受け入れることができる。終結が不可能であっても、失敗と見なすものではない。

第5章
心の家族

［人が］事実だと判断した事柄は、結果として事実になる。（W・I・トーマス『アメリカの子ども――行動に関する問題と修正計画』一九二八年）

アメリカ人は、世界で最も個人主義的な文化の一つに身を置いて生きています。それでも、「何によって幸福を感じるかという質問に、他の人たちとの親しい個人的な繋がりという回答を挙げるアメリカ人が大部分だと、大量の調査資料が裏付けている」のです[1]。人と人との絆が孤立を遠ざけ、病気や突然死さえ防ぐこともあります[2]。ですから、家族や友人が遠く離れている、また、支えになることができないという場合、私が心の家族と呼ぶ存在が必要になります。家族といえば、普通は血縁か法的な実体と考えられがちですが、それだけではなく、心理的な家族も考えられるでしょう。孤立を感じている介護者にとって、重要な特性です。介護者であるバーバラが、ぴったりの表現でまとめてくれました。

> 心の家族は、血の繋がった家族の代役ではなく、家族という枠を広げたものです。物理的にそばにいる「家族」も、精神や心の支えになる家族も重要なのです。「心の」という言葉は、こうした状況すべてに当てはまります。私たちが選ぶ「家族」なのですから。

こうして、心の家族が、あなたの心の中に生まれます。心の家族は、本来の家族のこともあるでしょうが、心理学者ドロシー・ベクヴァル*1の言う「家族の心的表象」[3]のように、意図して選ばれることもあります。心の家族は、休暇やお祝いなど特別な時を一緒に過ごそうと、あなたが選ぶ人たちです。良い時も悪い時も、話をしたいと思う誰かです。心からあなたを好きで、その場にいてくれる人です。心の家族は、友人や隣人、読書クラブや宗教の集いで顔を合わせる人から成り立っているかもしれませんし、あなたの日々を一番よく理解する他の介護者ということもあるでしょう。長く夫を介護し、あるグループに属していたバーバラは、さらにこう言います。

もともとの家族の中には、全く助けにも支えにもならず、むしろ、その逆の場合でさえある人がいることが多いのに気づかされました。そのことは病気と取り組む最初の段階では特に、介護者にとってむごいことです。この心の家族という考えを、単純で言うまでもないことと思うかもしれませんが、（中略）その考えは、認知症と歩みながらひどく孤独を感じている人たちに、希望を与えてくれます。

家族に代わる存在を持つのは、珍しいことではありません。まるで孫のような近所の子ども、兄弟姉妹のような友人、休暇や特別なイベントの時に時間を共にする友人などが思い浮かびます。血の繋がった家族が側にいないのなら、代わりとなる人々は、人との絆と社会的な支えを与えてくれる貴重な存在です。認知症の人を介護しているのなら、なくてはならないものです。

心の家族を実際に作っていくために、創造性を発揮してみてください。最初に、家族というものは血の繋がったものとは限らないと理解してください。親族が物理的に離れて暮らすなら、心理的な絆を保つ方法を見つけるのもいいでしょう。軍人の家族や移民となった家族は、メール、ウェブカメラ、電話を利用して、定期的に連絡を取り合っています。支えてくれた家族が亡くなっているなら、故人を思い出し、シンボルとなるものを身近に備えましょう。指輪、レシピ、写真、衣類、歌などです。支えてもらいたい時は、その人について考えましょう。今のあなたに何と言って元気づけてくれるでしょうか。その言葉に何と応えますか。心理学的に見ると、こうしたことが慰めとなります。認めようとしない人も多いようですが、私たちは時おり、亡くなった人に話しかけることがあるものです。私の診てきた人の多くは、自分の人生に神がおわすことで、孤独感が和らぐと言います。

心の家族が、同じ文化に身を置き、同じ好みを持つ人同士によって作られることもあります。たとえば、母国を離れた人々、親類に受け入れてもらえない同性カップル家庭、かなり違う文化の外国から養子を迎えた両親を考えてみてください。そうした家族の間では、何らかの理由で、親子同士また兄弟姉妹同士に、もはや会話がなく、互いに疎遠になっています。そして、地理的に離れ、孤独を感じている介護者も状況は同じです。あらゆる人たちにとって、心の家族がセーフティネットになり得るのです。バーバラは重要な問いを投げかけています。「血の繋がった家族が近くにいないからという理由だけで、私たちは心の家族を求めるでしょうか。血縁があっても、自分の心の家族に入れようと思えない人もいるでしょう。私たちに必要なのは、もっと親身になって、気持ちを通わせ合える他人かもしれないのです」。

いずれにしても、介護者が必要とするのは人との絆です。直《じか》にであれ、電話やメールを通してであれ、力になって支えてくれる誰かが、物理的にであれ、シンボルとしてであれ、精神的にであれ、存在していてくれることが必要なのです。このうちのどれかに当てはまる人か、これらのすべてに当てはまる人か、それを決めるのはあなたです。

親しい関係の必要性

エレン・バーシェイド[*2]のような先駆けの研究者たちから、マーティン・セリグマン[*3]やオプラ[*4]に至るまで、彼らの言葉によって、幸せというものが、自分を愛し、支えてくれる人たちとの絆と結びついていることは、広く知られています。[(4)]

その反面、親しい繋がりがなければ、幸せは感じられません。孤独に苛《さいな》まれれば、身体が病気になることさえあります。介護者の皆さん、よく聞いてください。生まれながらの家族であれ、自分で選んだ家族、また信仰で結ばれた家族であれ、良い時でも悪い時でもそこにいてくれる心の家族が、あなたには必要です。近所で支えてくれる人々、またこれまでにお話ししたグループやその状況において助けてくれる人々と離れずにいるということを意味します。それでも、家を出られない、家が不便な場所にある、また他の理由で隔絶されているといった場合があるでしょう。その時、心の家族は、友人や介護者仲間といった、インターネット上の仮想の集まりでもよいでしょう。皆、自分の家族といえるほどに大切な人たちなのです。バーバラは、自分の体験を通して、重要なことを指摘してくれました。

支えになってくれる人や友人と実際に身近に過ごす時間は、介護者の多くにとって見つけにくいものと受け取られるかもしれません。最も苦心するのは、家族や友人と、何とかある程度普通の関係を保つことです。親交には時間をかけなくてはなりません。そして、最も足りないと感じるのは時間なのです。気軽な付き合いはほとんどなくなり、心の家族に適合しない人との付き合いは続けるのが難しいのです。そのため、心の家族との間であっても、短い電話やメールだけでやり取りする時もあって良いのでしょう。私は、助けてくれる人たちと、できるなら直接会いますが、電話やコンピューターを通しても、同じくらい連絡を取り合いました。どちらか片方ではなく、両方です。一方が必ずしももう一方より良いわけではありません。ただ必要性と時間に応じてのことです（私と夫の心の家族は、「関係によって縛られるもの」を感じさせなかった点が、特徴の一つでした。何の見返りも要求せず、ただ夫と私を支えてくれたのです。本当にありがたかったです）。

何で成り立った家族であれ、介護者がこの家族に求めるのは、人間が健康でいるために必要であると、研究者たちが認めるものです。それは、愛情、思いやり、自分の価値の確認、助言と導き、近さの感覚（頻繁に訪れる、または身近にいる）、対応への支援、心のこもった世話、信頼できる交際、具体的な協力です。[5] 必要ではないものは、批判、裁き、反対、嘲《あざけ》り、孤立です。

心の家族を初めて知る

私は、本当の家族そして心の家族と共に育ちました。父がアメリカにやって来たのは、一九二九年。大恐慌に見舞われた不幸な年です。予定では、アメリカで二年間学んだあと、母国に戻って仕事に就き、結婚するはずでした。しかし、若者の行く手には困難が待ち受けていました。働く場所は全くなく、帰りの旅費を稼ぐことができませんでした。父は為す術《すべ》がなく、結局、ウィスコンシン州南東の農場に働き口を見つけました。そこで隣に住む娘と恋に落ち、家族を築いたのです。

私の最初の記憶の中で、父にはすでに二つの家族がありました。父がよく話を聞かせてくれた、スイスに住む母親を始めとする肉親、そして、ウィスコンシンの農場に暮らす母と私たち子どもです。父は、スイスの生活をウィスコンシンに再現するのに懸命でした。音楽、食事、祝祭、服装、文学、言葉、物語――父はあらゆる方法で、遠くの家族を心に留めようとしました。父はアメリカ市民権を誇りにしていましたが（取得した時、家族で祝った様子を今でも覚えている）、常に引き裂かれた感覚をもっていました。愛国心の問題からではなく、スイスの家族との隔たりという心の問題からでした。当時は、経済不況とその後の第二次世界大戦によって、訪ねることができない状態でした。

移民としての父が、さらに二世としての私が、アメリカで体験したことは、異例なことではありませんでした。この国は、どこか他の場所からやって来た多くの人々から成り立っています。ホームシックや残してきた家族を恋しく思うのは、よくあることなのです。多くの人にとって、遠くに住む家族は、心の家族の一部となり、苦難の道を進む時に、慰めと安定をもたらしてくれます。

両親が亡くなったあとしばらくして、二人の家を片付けていると、古い箪笥《たんす》の中に父の財布を見つけました。普通の身分証明のカード類などに混じって、驚くべきものを目にし、涙を抑えられませんでした。財布の奥に、いわゆる「シークレット・ポケット」があり、そこに茶色く色あせた写真が一枚しまわれていました。父の生まれ故郷、スイスのブルクドルフ。父の家、通った教会、断崖絶壁が写っています。父が繰り返し私に話してくれた、兄弟と遊んだお気に入りの場所でした。一九二九年に、この幸せな我が家を後にした父ですが、六十一年後に亡くなるまで、スイスの故郷と心の家族とのシンボルとなるものを大切にしていたのだということを、この古い写真が教えてくれました。(6)

父がスイスに残した家族と家を懐かしがっていることに、私は常に気づいていました。いつも持ち歩いていた古い財布に忍ばせた証拠がこれなのです。母親と兄弟は、まさに父の心の家族――心にいる家族――であり、アメリカでの残りの人生でも、ずっと一緒だったのです。私にとって素晴らしい父親でしたが、その心はしばしばスイスの家族と共にあるとわかっていました。移民の若者たちに、父がスイスなまりの英語で語っていた言葉、「アメリカ暮らしが三ヶ月を超えると、どこが自分の家なのか二度とわからなくなるぞ」が、今も耳に残っています。

子ども心に、父にとっての心の家族の存在を感じていました。この父の強い思いがあったからこそ、私は「曖昧《あいまい》な喪失」というものを早い時期に知り得ました。愛する家族がいながら手が届かない時、私たちは別の方法を見つけて家族を身近にしておきます。いずれにしても、絆は断たれはしないのです。

誰があなたの心の家族か

あなたが認知症の人の介護をしているなら、あなたには特別な支援、つまり実態があり、快く与えられるタイプの支援が必要なので、誰があなたの家族に当たるのか知らなくてはなりません。心の家族が、現実のものであれ、仮想のものであれ、宗教上であれ、聖なる存在であれ、またはそれらの混ざったものであれ、あなたの健康と幸福に欠かせないものなのです。

心理療法の際には、心の家族は誰かを尋ねるのですが、通常はすぐに答えが返ってきます。誰がそうで、誰がそうでないかが、その場でわかるからです。もちろん、時間と共に、誕生、死、結婚という変化が起こり、家族をどう捉えるかが変わります。それでも、血縁も婚姻届も、ある家族の中に入り、またそこに留まり続けるのに充分な「許可証」ではありません。私が会った患者の多くが、意見の不一致や対立が原因で、家族から話しかけられることなく、そこから切り離された状態になっていました。[7] アーミッシュ*5の人たちは、これをシャニング（忌避）と呼びます。彼らにとっては、稀《まれ》ではありますが、意図的に行なわれる罰です。私には、ある種このようなものが、一人でストレスに耐えるしかない介護者に行なわれているように思えます。

誰が家族チームに加わっているかを知ることが大切です。家族同然に、あなたの負担を和らげてくれる人は誰でしょうか。いつでも必要な時に助けてくれる人はいますか。話し相手、車の運転、使い走りが必要な時、ただスクラブル*6の相手が欲しい時、映画や買い物に出たいので家事を代わってもらいたい時、誰が力になってくれますか。家族が認知症を患っていたら、協力する気のない人の機嫌を取る暇はありません。誰が助けてくれるかを知る必要があります。もともとの家族が動こうとしない、または近くにいないなら、他に支援を求めましょう。介護者に必要なのは、無条件に手を差し伸べてくれる誰か（複数かもしれない）、たとえば良き兄弟姉妹のような人たちです。

バーバラは、「協力する気のない人の機嫌を取る暇はない」という見方で、「支援グループと一緒に、もともとの家族に理解してもらおうと奮闘する介護者の、不満や苦しみ、いらだちについて、たくさん話をしてきた」ことのありがたさを実感すると、話してくれました。「少なくとも最初の段階で、家族に理解してほしいのは、手伝いの必要よりもむしろ、今起こっていることを信じて受けとめてもらうことなのです」。続けてこう言いました。「多くの介護者の心労は、どうやって心の家族を作っていくか、どうしたら協力しない人を切り捨てていくかに費やされるべきです。本当に助かります」。

私の心理療法のオフィスに、ピカソの作品の写しがあります。青の時代に属する一枚で、タイトルは『悲劇』。そこには一組の家族――両親と子ども――が描かれています。絵の具は冷ややかな青。両親は離れて立ち、それぞれ自分の両腕を自分の身体に巻き付けています。寒さに震えているかのようです。お互い触れ合いもせず、話すことも、目を合わせることもありません。[8] 絵から寒さと寂しさを感じるでしょう。私はこの絵を棚の裏に置いています（何しろ気が滅入るので）。取り出すのは、訪れた家族に、彼らがいかに繋がりを持たず、孤立させられているかを説明する必要がある時だけです。この絵は介護者の悪夢を表わしています。家族が自分の生活だけに気を取られ、介護者のほうは気づかれることなく、触れてもらうことなく、感謝されることなく、交流から切り離されています。そういう家族は、誰も中にいない家庭のようなものです。

孤独を免れ、必要な時に助けてもらうためには、誰がそばで支えてくれるか――また、今後そうなってくれるか――を知らなくてはなりません。それは必ずしもあなたの考えと一致するとは限りません。移動や距離、また対立や否認といった問題がなければ、本来の家族が差し出すべき助けの手を、他の人たちが代理として向けてくれるかもしれません。こう考えると、本当に気持ちが解放されます。

心の家族を築いても、ほとんどの介護者は、血の繋がった家族を大切にしたいと思うようです。たとえ自分の要求に応えてくれない家族であっても、そう感じるのです。それでも良いのです。例のあれもこれも思考をしてみるのです。白黒をつけたり要求や非難に屈したりすることはありません。肉親が何千キロも離れて住んでいることもあるでしょうし、単に彼らにはこちらの状況が飲み込めないだけかもしれません。曖昧《あいまい》な喪失の苦しみと、そこから受ける重圧を理解しないなら、あなたが必要とする共感は、彼らの中に生まれません。それを責めようとしているのではなく、介護者の健康を支えるためには、人々への教育という取り組みが今まさに緊急課題だと言いたいのです（共感については後述）。

ここで、他の人々の出番がやって来ます。自分が介護者ではないのなら、一人で介護に奮闘している人の兄弟姉妹、できれば親のようになってあげることができます。友人や隣人として、健康を損なうことなく介護を続けられるようそばにいてあげることができます。

心の家族と決める時――共感の役割

繰り返しになりますが、介護者が家族に求めるのは、愛情、思いやり、自分の価値の再確認、助言と導き、近さ、対応への支援、心のこもった世話、頼りにできる訪問、具体的な援助です。(9) なぜこれらすべてが可能になるのでしょう。それは、共感を覚えるからです。

臨床家の立場から言えば、共感とは、他人の感情、信条、要求、行動を、自分の身に置きかえて理解できることです。相手の立場に身を置いて、相手と同じ体験をする力です。

共感を学ぶことはできるのでしょうか。答えはイエスですが、そのためには、エゴを手放す必要があります。自分のことを中心に考えていたいという思いを追い払わなければなりません。イギリス人作家であるカレン・アームストロング[*7]は、人と人がうまくやっていくことについて、「共感する習慣」を育む必要性について記しています。[(10)] 共感する習慣には、自分がしてもらいたいように人にもするという、黄金律として長く知られてきた接し方も含まれます。

世界の宗教のほとんどが、報いと人助けについての定めをもっています。多くの宗教にとって、黄金律は、実際に良い行ない、つまり、同じ状況において、自分にしてほしいように自分もする、というものです。他人に対して、すべきことではなく、してはならないこと、つまり、他者を傷つけてはならないという倫理を説く宗教もあります。

介護の場合に当てはめるなら、すべきは、たとえば介護者を実際に手伝うことであり、してはならないのは、働く手間暇を惜しむことです。打ちのめされている介護者を見捨ててはなりません。するべき定めもしてはならない定めも、悲しみと苦悩の中にいる介護者のために、同じく前向きな行き先に向かうことができるのは明らかです。

共感の習慣を実践するには、今日の社会で家族の介護役を担う人々が非常に大きな貢献をしていることを認識しなければなりませんが、私たちがすべきことはもっとあるはずです。親類、友人、隣人として、そして地域の一員として、定期的に助けの手を差し伸べなくてはなりません。アームストロングは「他の人の世話をするということは、自分を捧げなくてはならないことだ」[(11)]と書いていますが、ここでいう自分とはエゴのことを指すのであり、介護していくなかで、犠牲になる、また、自分を見失うことを言っているのではありません。アームストロング（そして私）が重要だと思う点は、相手と共感状態にいて、自分にもその必要が生じた際に同じことを望んでいるから、相手を懸命に助けるということです。

近所を見渡せば、いつも共感を学ぶ機会があり、また、共感に欠けているのにも気づきます。一つの社会として、ただ病気の人、弱った人のためだけではなく、ひっそりとほとんど自分だけで誰かの介護をしているあなたのような人が、健康と尊厳を保つためにも、もっと「共感」が必要です。

一九六七年に、家族療法に関するあちこちの会議で、喪失と悲嘆を専門にする精神科医ノーマン・ポール[*8]と私はよく議論したものでした。彼はこう記しました。「私たち一人ひとりが、根本の部分で共感に飢えているようだ。たとえ少しの間でも、本人が感じる空虚と孤独を消し去ることができるかもしれない親しさを望んでいるのだ。矛盾しているが、この渇きを満たしたいと同時に、私たちは、現実にいる人間から触れられたくないため、正面から周りへ壁を築く[12]」。

『きみに読む物語』が、なぜ書籍でも映画でもあのように人気があるのかがこれで説明がつきそうです。女性が認知症を患ったにもかかわらず、最後の最後まで愛し合う二人の物語です。二人が歩んできた人生について、彼女自身が書き記したノートを夫が読んで聴かせると、ところどころで彼女の記憶が戻ってくるのです。

このような物語がなぜ人々に愛されるのでしょうか。おそらくそれは、自分がリスクを取らなくても共感できるからでしょう。登場人物と過ごすのはその時限り――映画なら二時間ほど、本ではもう少し多くの時間、どちらにしても、共感が必要とされる時間は長くありません。もっとも、この場合は観客としての「共感」になります。

ポールは、「共感」は人間が健全であるためにはどうしても必要なので、娯楽の世界、特に小説や演劇にまでも、共感できるものを探すと考えました。それ以上に、観客としての共感なら、あまり大きな痛みは感じなくて済みます。登場人物は架空の存在であり、自分の家族ではありません。そして、目の前の出来事は少し経てば終わりますし、この先介護をそれ以上に続ける必要はありません。つまり、ポールの言葉は正しかったのではないでしょうか。私たちは共感を何とか表わしたいのですが、その物語が気分よく終わる場で そうしたいだけなのです。この気分は、愛情、思いやり、価値の確認、助言と導き、近さ、訪問、具体的な援助を与えると申し出る必要はありません。物語ならそこで終わるのです。

けれども、現実の世界で認知症の人を愛することに、はっきりとした終わりはありません。それは、挑むべき目の前の課題なのです。共感を持ち続け、曖昧《あいまい》なままであり続ける現実生活の物語と繋がり続けていくのです。

実のところ、たっぷり泣ける映画や本が私は大好きです。でも今は、認知症の人を愛する痛みを表現した映画や本が、議論を促し、学ぶことが多くても、共感したいという衝動を一時的に満たす以上のものではないと私は考えます。通りに目をやり、自分の家族を見つめるほうが大切ではないでしょうか。この世界に生き、私たちの思いやりと支えを必要としている現実の人々がそこにいるのです。

あなたの愛する人が認知症である時、他の家族たちは腰が重く、共感がないかもしれません。遠くに住んでいる場合、事態が急を要しているのがわからない場合もあるでしょう。または、近くに住んでいるにもかかわらず、家族のうちの誰かが介護に就くのが当然だと見ている場合もあるかもしれません。そうした他の家族の人たちは自分のことに忙しく、とても手伝うことなんてできないのだと謝るような気になるかもしれません。あなたほどうまく介護できる人はいないと見られている場合もあるでしょう。親類たちは、このような正当化によって安心するかもしませんが、こうした態度は問題を引き起こすことがあります。認知症による喪失が変わったもので人を混乱させるのと、ちょうど同じことが、それによって生ずる家族関係についてもいえます。問題になる家族が、肉親であろうと、心の家族であろうと、共感の必要性はいたるところにあるのです。

でも助けてくれる家族がないというなら、家族を作る権利を私が差し上げましょう。隣人が祖父母または母代わりになり、友人は姉妹に、その父親があなたの父に、心理療法家は父母の枠を超えた親に、聖職者の人たちは精神的アドバイザーに、それぞれなってもらえます。気持ちが通じる同士で、互いに支え合い助け合う、自分が選んだ家族を作り上げることです。今は故人でも、大変な時に元気づけてくれた人がいたなら、そのままその人を心にしまっておきましょう。彼らの言葉を思い出し、あなたが成り代わって、自分自身にその言葉をかけてみます。想像の世界で受ける支援は、実際の世界での支援と同じくらい、ストレスを軽減してくれることもあります。霊的《スピリチュアル》な存在を心に置く人も多くいます。彼らは神と共に歩み、その存在を感じることが最高の癒やしだと言います。そして、現代においては、チャットルーム、ブログ、その他フェイスブックなどのSNSを使って、無数の人々がインターネットを通じて定期的に交流しています。介護者のグループが、家族のように繋がり合っています。

生身の人間として、存在していて、連絡が取れる人たちが、心の家族となってくれますが、私たちの心にその人が存在し続けている限り、この世に存在しない人でも同じ働きをしてくれるのです。

サムの場合

サムは頭が良く屈強な男性でしたが、私を訪ねてきた時、苦悩と絶望を目一杯抱えていました。かつて評価の高い教師だった妻の物忘れと判断の誤りが、目立つようになっていたのです。妻はかつての結婚相手だった女性ではなくなりました。子どもたちが独立していなくなった今、ゆったりと過ごす時期が来たと感じていたところでした。それに反して、人生が困難な方向へ進んでいました。サムが妻の介護をする必要がありましたが、そうしたい気持ちになれず、妻のほうも、安心して夫に任せようとは思いませんでした。「プレス機で締めつけられている感じでした」とサムは言いました。「人生が苦しい上り坂になってしまったのです。それも、ちょうどこれから楽になると思った時にです。支えになってくれる妻はもういません。妻は次に何をしたらいいか自分ではわかりませんし、まるで……いなくなってしまったのです。寂しいものです。妻に腹が立って、怒鳴ってしまいます。なぜ妻は、自分が私にしていることをわからないのでしょうか」。

奥さんが本当にアルツハイマー病と診断されたという話を聞いて、サムに尋ねました。「あなたは、私が気乗りしない介護者と呼んでいるものになっているかもしれません。以前の関係を手放すのに気が進まないのではありませんか。するべき労働を引き受けるのに気が進まないのではありませんか。仕事や余暇を諦めるのに気が進まないのではありませんか」。サムはすぐには答えられませんでした。私は気づきました。介護の役割を受け入れるには時間が必要なものです。前々から準備できている人などいません。「誰もが気乗りしない介護者なのですよ」と言葉をかけると、サムは気持ちが落ち着いたようでした。

とは言うものの、サムの侮蔑と怒りはコントロールできないほどになっていき、夫婦双方を傷つけていました。共感を見出す以前に、サムが学ばないといけないものは、自己コントロールともう少し柔軟な考え方でした。サムは孤立して、すべて自分にとっての問題だと考えていました。「なぜ私が妻に悪いと感じなくてはならないんですか」とサムが訊いてきました。「妻のほうが私に悪いと思うべきなんだ」。「あなたにとっては、嘆いているより、怒っているほうが楽なのかもしれませんね」私は問いかけました。「そうですね」とサムが答えました。「でも、妻は演技をしているだけで、そうしたいと思えば、良くなることができるんじゃないかという考えを捨て切れないんです」。それから彼はほほえむと、静かに言いました。「でもそれは現実的なことではないですよね」。

私たちは、公平さという点では、世の中というのは、しばしば不公平なものだということについて、語り合いました。「お二人にとって、状況は確かに不公平です。でも、だからと言って、奥さんに怒鳴って良いことにはなりません。あなたがそれを止めなくては」。有能で愛情深く気遣い溢れる妻だけでなく、定年後の夢も失いつつあることへの嘆きと悲しみにどう対応するかについて、サムは私と話し合ったうえで、怒りを抑えていくという約束を文書にしたためました。感情面で強くなることについても話し合いました。サムは、もう妻に頼れないことに憤り続けるより、妻が彼に頼れるほどに自分を強くすることで、自尊心を持てることでしょう。そして、サムの中に共感の心が育ち始めました。妻の感情を理解したり、記憶をなくしていく妻が何を感じているかを想像したりすることが難しくても、妹や親しい友人――心の家族――の助けを借りて、彼らの目を通して妻を見ることができるようになりました。心の家族に認められ、その揺るぎない支えを得て、彼の共感は高まっていったのです。

サムはようやく妻の行為がわざとでないこと、二人の大切なものを奪ったのは病気であることがわかるようになりました。同じ体験を持つ仲間との自助グループ活動と個人心理療法を数ヶ月続け、妻の障害が、妻のせいでも自分のせいでもないと理解できたのです。共感が育つにつれ、彼の怒りは治まりました。思いやりのあった祖父の記憶が、彼の役割モデルであり、その祖父のことを事あるごとに思い出しました。余分な仕事が増えたにもかかわらず、彼はより愛情深い人間となったのです。妻の不安も軽減され、何とか二人は「ほどほどに良い」関係を築き上げました。それは、かつての姿ではありませんが、一緒に映画を見たり、友人の家で食事したり、特別なイベントのために家族を訪れたりする、満足な絆が生まれたのでした（ほどほどに良い関係については、第9章参照）。

重要なのは、サムが自分の運命だと割り切っているわけではなく、むしろ、エゴとコントロール欲求と、その気になって頑張ればどんな問題も解決できるという信条を手放していることです。自分の考え方と、他の人々に助けと絆を求めて働きかける方法とを変えることによって、サムは自己コントロールと、状況の見極めとが再びできるようになったのです。

それでは、どんな家族生活もそれを通じて結びついている祝い事、伝統、集まりなどの家族の儀式の章へと進みましょう。それらは、つらい時や変化の時に支えになってくれ、絆を継続させることができます。その結果、あなたの復元力《レジリエンス》は高まっていくのです。

【振り返り、考えるためのヒント】

〈誰が心の家族になるか〉

白い紙を一枚用意して、そこに大きく円を描く。これが家族の境界線になる。棒人間[*9]、イニシャル、または正式な家系図記号[13]を使うなどして、家族だと考えられる人たちを記入していく。


◉誰が入る？

◉誰が入らない？

◉特別な行事、たとえば誕生日、卒業式、結婚式に来てもらいたいのは誰か？　クリスマスのような日に、また休日の食卓に、顔を合わせたい人は誰か？

◉楽しい時や悲しい時にそばにいてほしい人は誰か？

◉助けが必要な時に頼りにできるのは誰か？

◉自分の考えを聞いてほしい時、助言《アドバイス》が欲しい時、そばにいてくれるのは誰か？

◉後ろ盾になってくれているのは誰か？

◉あなたが孤独に陥らないように、きちんとそばにいてくれるのは誰か？

◉理性的な面と感情的な面で役に立ってくれる人は誰か？


誰もが、家族のように支えてくれる人を必要としている。それは、親が病気だったり、兄弟が遠くに住んでいたり、実の子どもが自分の子育てに時間を取られていたりして、もともとの家族に助けてもらえない時、代わりに役割を担ってくれる誰かである。介護を何とかこなしていくために、肉親が頼れない時、家族代わりになれる他の人たちを見つけよう。あなたの健康はそこにかかっているのだ。

第6章

家族の儀式と祝い事と集い

［家族の儀式は］喪失を意味付けるためのある方向を示してくれ、同時に、生きている者たちに継続していくことができる形を与える。（「儀式と癒やしの作用」エヴァン・インバー＝ブラック『喪失を超えて生きる』二〇〇四年）

この章を、ミネソタ州聖ヨハネ大学と同修道院で行なう黙禱《もくとう》会に訪れながら執筆していますが、それは偶然ではありません。儀式とそれを象徴するものが、ここでの生活に染み渡っています。定刻の鐘の音が修道僧に祈りの時を告げ、授業に合わせて学生が集まり、教会のミサに人々が集い、学年末に念入りに式典が準備されて大学生が卒業していきます。キャンパスの周りに広がる田園には、季節の移り変わりと共に儀式が刻まれます。作付けと収穫だけでなく、人々の祝祭――冬はクリスマスまたはユダヤ教ならハヌカ祭*1、春はイースター*2または過ぎ越しの祭り*3、晩秋には感謝祭《サンクスギビング》*4――もまた、時の鼓動を形にします。

この安らかな場所で、私が抱く家族の儀式についての問題と、愛する人が認知症である場合に、そうした儀式によって家族がどう意味を見出していくのかをじっくりと考えています。修道院付属のゲストハウスに宿泊し、そこでの執筆の合間に、新しい聖ヨハネ聖書の完成したページを見るため、隣の建物まで歩いて行きます。この聖書の制作は、飾り文字と装飾を駆使した古代の技巧を、一方では古い、そしてもう一方では驚くほど新しいイメージと融合させるという、他に類のないプロジェクトです。あるページに目を留めた時、私はとてもはっとさせられ、深く心を揺さぶられました。金箔に描かれていたのは、ニューヨークのワールド・トレード・センター、同時多発テロの九・一一以前のツインタワーでした。別のページには、古い時代の苦悩の象徴《シンボル》に混じって、エイズウィルスが組み込まれたＤＮＡの二重螺旋《らせん》が描かれていました。まさに現代の苦悩を象徴するこれらが、昔から受け継がれたものと組み合わされていることが、私には、現代の儀式の中で生み出された変化の、最も意味深い例だと感じられるのです。

ベネディクト会*5のある一門の人たちが、聖書の神聖なる絵図を最新の形に改めることができるのなら、信仰は別として、私たち自身の家族が病気に見舞われた時、自分たちの儀式と祝い事を、状況に応じて改めることも許されるべきでしょう。家族において、死の意味を理解する助けとなる儀式と象徴は数多くあるとはいうものの、まだ生きている人の喪失を悼《いた》む助けになるものはない、というのが現状です。

家族の儀式の基礎知識

現状に適応するように儀式を応用したり、新しい儀式を創り出したりするには、まず、儀式とは何であり、何を目的とし、家族と地域の文化がどのように儀式に影響しているかを知る必要があります。

家族の儀式とは何か

家族の儀式とは、お互いに関わり合って繰り返し行なわれる行為、習わし、祝い事であり、集団への親密さと帰属意識をもたらします[1]。互いに決まった型のやりとりとしては、晩餐《ばんさん》、就寝時の決まりごと、週末の活動などがあります。家族の習わしには、誕生日、記念日、親族会が、家族の祝い事には、結婚式などの特別な行事が、それぞれ含まれます。家族という一つの集団として、こうした儀式は、当然のことながら背景となる文化や信条から影響を受けますし、世代を超えて受け継がれていくことが珍しくありません[2]。家族の儀式は、クリスマスのような入念に準備された宗教的な祝祭から、愛する人たちが出かけたり戻ったりする時に「行ってらっしゃい」「お帰りなさい」と言葉をかけるなどの、日々の単純なやりとりの繰り返しまで様々です[3]。いち早く文化人類学者と家族療法家が、家族の儀式は良い影響をもたらすと認めましたが[4]、今や研究者たちが、「家族の儀式は、家族というシステムの中で、強力に行動をまとまりのあるものにしてくれるもの」[5]であると同時に、心の健康にも良いと実証しています。

もちろん、家族の儀式が害になる場合もあるでしょう。たとえば、その集まりにいつも酒が入り、人を侮辱する言葉や行為、また喧嘩《けんか》にまで発展するのなら、心の家族のところへ逃げていき、祝い事などを、より健全な形で執り行なうようにすべきでしょう。家族のうちの一部だけが関わるものとして、必要以上に厳しく定めてしまう場合も、儀式が人を傷つけます。たとえば、子どもたちが（おそらくは彼らの感情を刺激しないために）、今回は介護施設《ナーシングホーム》で祝われるからと、祖父母の誕生会に同席を許されない場合、また、葬儀に参列させてもらえない場合などです。

誰のためにするのか

家族の儀式は、ある特定の集団にとって象徴的な意味を持ちます。その儀式は、外部の人間には理解できず、何の益もないかもしれません。(6) スポーツのチーム、学生の社交クラブ、同好会、修道会と同じく、各家族がその中で情報を共有し、自分たちの儀式の意味を理解しています。故人を悼む時、讃える時にどうするかは、隣家のやり方と違うかもしれません。まして、愛する人が亡くなったわけではないのに、その喪失を嘆く儀式を行なう場合、外部の人には理解できないこともあるでしょう。葬式ではすでに涙が枯れ果てているとしたら、また、孤立してしまわないように週に一度友人と食事するようなことをしたら、外部の人は理解してくれないかもしれません。家族の輪の中にいる人たち、あなたを気にかけてくれる人たちが、そうした儀式によって、あなたが絆と健やかさを保てるのだとわかってくれるでしょう。

どのくらいの数の儀式が必要か

たくさんの儀式を行なう家族もあれば、一つも行なわない家族もあります。(7) その中間を目指してください。(8) 少なくても年にいくつか、たとえば誕生日や国全体の祝日などを記念して祝いましょう。あなたにとってとても必要な時に、家族の認知症を理由に楽しみをなくしてしまうなど、もってのほかです。

儀式はどう役に立つのか

伝統的な家族の儀式は、認知症にまつわる喪失に対処することを考えに入れていませんが、相反するもの――生と死、得るものと失うもの、喜びと悲しみ――を包み込み、象徴化するという独特な力が備わっています。[9] 伝統的な儀式では、新しい生命を祝い、死を悲しみますが、曖昧《あいまい》な喪失に対しては、儀式を作り直す必要があります。ここでは、悲しみと喜びが同時に存在するとともに、両方が認められなくてはなりません。みんなで集まることのなかには、愛する人がここにいながら同時にいないという中間に身を置く意味を、見出しやすくするものがあるでしょう。儀式に柔軟性があれば、曖昧《あいまい》な喪失にさえもある種のマークをつけることができるかもしれません。宗教や家族の外に広がる社会では、そうした視点が見落とされがちです。こうした状況は、当然ながら背景となる文化に左右されます。

自分が抱える喪失に周囲から気がついてもらえるまで、何とか対処したり、嘆いたりするのは難しいかもしれません。復元力《レジリエンス》を保つために、今後一つまた一つと新たな喪失が見舞うたびに、いくつかの小さな儀式を行なってマークをつけていくことが役立つかもしれません。そうした儀式を行なう時は、少なくともあと一人に同席してもらってください。他の人も場に加わって、喪失にこの種のマークをつけると、より現実感が増し、しかも耐えやすくなるからです。儀式によって、喪失の痛みを自覚し、自分を変える道が開けます。同時に、参加する人との絆と時間の連続性が感じられて、心が穏やかになります。[10]

生まれてから亡くなるまで、儀式はあなたが何者であるかだけではなく、あなたの家族は誰なのか、つまり、誰が家族の輪の中にいて、誰が外にいるのかということを定かにします。[11] 介護者にとって、自分のチームに誰がいるのか、そして、支援が必要な時にそばにいてくれるのは誰かを、儀式は明らかにするのです。日曜にゆったりとブランチを取るにせよ、特別な休日のイベントをするにせよ、集まることで、結束が目に見える形となります。それが、あなたを元気づけ、前進し続ける力を与えてくれます。繰り返しになりますが、血縁の家族と集まることができないのなら、あなたの心の家族を見つけてそうしてください。

全体的に見て、家族の儀式は、あなたに社会的な絆を増やしてくれます。他の人々と場を同じくすることで、病気の不安定さを抱えながらも、帰属感と安定感を得るのです。一つの関係が認知症によって損なわれているなら、あなたの幸福の拠《よ》り所《どころ》は、将来も続きそうな満足感が得られる、他の人々との関係なのです。[12]

最後になって物議を醸すかもしれませんが、家族の儀式によって、人間関係の「勘定」を清算することができると信じる人々もいます。イワン・ボスゾルメンニ－ナジ*6とジェラルディン・スパーク*7によれば、家族の儀式は「古くから、人と人との、また神と人との間に交わされた契約上の義務に対して行なわれた」[13]ということです。古代の儀式は、代償が払われていない勘定を、生《い》け贄《にえ》や感謝の捧げものを通じて清算するためのものでした。埋葬の儀は、死んだ者と生きる者の間を同様に清算するためでした。婚礼の儀は、取引と見なされました。

勘定の清算と考えるなら、親を介護している人は、介護に力を入れすぎるかもしれません。子どもの時に親からしてもらったことを、今度は親に返さなければならないと感じるからです。こうした介護者は、よく疲れ果ててしまうものです。

その逆の場合も見受けられます。子どもの時に、今は介護が必要になっている親から虐待を受けていたため、介護をする気持ちになれない介護者です。彼らの抱える課題の難しさは理解できますし、そこに完璧な解決策はありません。こうした場合、私がよく勧めるのが、在宅介護をプロに任せる、介護付き住宅、あるいは二十四時間介護の集団型ホームに入居させることです。これなら、成人した子が、直接親を介護せずに済みます。子の心に、許しへの変化が起こる場合があるとしても、多くの場合、成人した子がどうであるかを判断することなく、老いた親が良い介護を受けられる状態にすることを目指します。

人間関係の問題の解決策として、負債の清算をするのがいいと言いたいわけではありませんが、これまで私は非常に多くの介護者から、とにかく最終的に心の平安を得るために、帳尻を合わせたい気持ちがあるという話を聞きました。

儀式はどこで行なわれるべきか

儀式は、家、または宗教を背景にした神聖な場所で行なうのが習わしです[14]。けれども、認知症による曖昧《あいまい》な喪失を嘆くには、場所を選びません。家でも海辺でも、島でも山でも、またコンサートホールや劇場でも、田舎だろうと都会の公園だろうと、介護施設《ナーシングホーム》や病院にある庭や礼拝所でも、あなたにとって意味があり、失ったものの象徴となる場であるなら、どこでも良いのです。ある場所でなくてはならない、ということはありません。あなたができる場所で、少なくとも誰かもう一人と、儀式を執り行なってください。ある曲を歌う、詩を読む、歩き慣れた道を散歩する、祈りを唱える、蠟燭《ろうそく》を灯す、風船を空に飛ばすなど、あなたなりの方法があるでしょう。家族や友人と、他にどんな方法があるか、話し合ってみてください。

いつ行なうべきか

悲しみの儀式というものは、文化にかかわらず、いつどこで執り行なわれるかが規定されていると言われているものです[15]。しかし、認知症にこれは当てはまりません。時間も場所も制約はないのです。喪の儀式の必要性はずっと続くものですし、終わりのない書物のようなものなのですから。

すでにお話ししたように、慢性的な悲しみに対処していくなかで、あなたには何かが失われるたびに儀式が必要です。嘆くのにふさわしい時を待たないでください。愛する人が遠出できなくなった、もうあなたが誰かわからない、手洗いや食事に介助が必要になったなど、何かが喪失したと感じたら、その都度、儀式をしましょう。その時、友人か家族の誰かに一緒にいてもらいます。この儀式の重要なポイントは、人との絆を得ることなのですから。

ロビン・ローダバウ牧師[*8]が、以前、こう話してくれました。「意味のある儀式を生み出すことは、人生にとって新たな出発点や大切な節目を刻むために、私たちの精神生活にとって重要であり、また欠くことのできないものです。何かを始めたり動き出す時に儀式は必要であり、いや実際には、自分にとって大切だと感じるすべてのものに、必要なものなのです」。この、儀式については、もっと柔軟に捉えることが強く望まれます。時間も場所も、規則に縛られることはありません。あなたが自由に選んで良いのです。

文化は家族の儀式にどう影響するか

文化は私たちの意味体系を作り上げています。[16] したがって、文化は、私たちの儀式と祝い事も形作っています。それでは、私たちの文化が、喪失を否認し、曖昧《あいまい》さより確実さを好むものであったならどうなるでしょうか。この場合、優位に立つ意味体系は、私たちの抱える特別な状況——認知症と共に生きること——と相反します。

文化はもう一方で、私たちが自分の苦しみを理解するための助けになる意味体系を持っています。「宿命を信じる文化では、外傷的な（トラウマになるような）出来事には、この世で繰り返し直面しなくてはならない外なる力があると判断されます。つまり、原因と結果がなくなることはないのです」[17]。そのため、儀式と象徴となる場所とが、問題を抱えている人々を支え、回復させるために必要となります。一方、物事を思い通りにすることをより重んじる文化では、犠牲者を責める傾向があります。解決を見出せない者は落伍者であると見なされます。ここで重要になるのは、認知症に治療法が見つかるまで、患者の家族は曖昧《あいまい》な喪失から来るストレスと苦痛に耐えなくてはならないと認識することです。認知症に関しては、家族に責任はありません。儀式と祝い事を通して絆を保てれば、非難ではなく、支援の気持ちを表わすことになります。

すべきでないこと

家族の儀式は、ほとんどの場合、介護者の助けとなります。家族が柔軟な姿勢で対応できるなら、なおさらです。けれども、家族の儀式が大きな悩みの種となることもあります。してはならないことの例をいくつか挙げましょう。

クリスマスを中止しない

愛する人が認知症になると、家族は縛られたようになるかもしれません。儀式や祝い事はいつものように行ないたいのですが、もはや、以前のように家族全員のためのものではありません。変更を嫌い、行事そのものを取り止めてしまう家族もあります。これでは、いつも行なっていた集まりが開けず、幸福な時間が消え失せてしまうということになります。関係が二度と元に戻ることはない変化になってしまうかもしれません。白黒をはっきりさせないと気が済まない人たちは、喪失のあとの人生だってそうなるとは限らないというのに、諦《あきら》めてしまい、心の扉《とびら》を閉ざし、良い時間は永久に終わってしまったかのような行動を取ります。

そして、このような時こそ、「あれもこれも思考」の出番です。あれもこれも思考なら、変化と良い時間の継続との両方が同時にあり得るのだという見方ができます。卒業パーティーなら、集まるのにもっと便利な建物に変更します。結婚式なら、認知症の親が参列できるように、病院の礼拝堂で行なうようにします。感謝祭《サンクスギビング》の晩餐《ばんさん》は、持ち寄りの夕食会にして、介護者と患者が楽に加われる場にします。誕生会なら内容を簡単にして、車椅子で参加できる場所を選びます。家族での休暇は、これまでより家の近くに行くことにします。場合によっては、必要に応じてすぐ助けが呼べる裏庭でだっていいのです。遠くに住む親戚は、毎年の休暇のうち、一週間を患者の家で過ごし、介護者をいつもの仕事から解放してあげます。ちょうどリレーのように、遠くの家族が家に戻り、介護者に代わって患者の世話をし、一方がもう一方を楽にしてあげて、それから役割を元に戻すのです。祝日も誕生日も、暦に正確でなくても良いのです。柔軟性を持つことが肝心なのです。それなくしては、家族がばらばらになってしまいます。

女性にすべてを押しつけない

すでに決まりごととなっていますが、介護のほとんどは、女性の手によるものです。その上、女性は、家族の儀式を切り盛りし、大勢の食事、贈り物、会場の準備もするのが普通です。家族の誰かが手伝いを申し出るか、役割を代わらなければ、あまりの負担に、介護者が儀式を続けられなくなることも珍しくありません。家族の間にいざこざが起こる場合もあるでしょう。調査によれば、結婚にまつわる問題のうち、家族の休暇と祝い事が、高齢の親を持つ夫婦が抱える、解決が最も難しいものとなっています。(18) 調査では、加えて、女性の苦悩の度合いが甚《はなは》だしいこともわかりました。家族の他の誰かに、家族の集まりの準備に一定の責任を負ってもらうためには、家族療法家と一、二回話してみることをお勧めします。

家族と争わない

家族が儀式と祝い事を取り止めるのは、傷つけ合う争いを恐れているからという場合もあります。認知症を患う人とのやりとりにおいて、家族同士の争いがより激しくなることが少なくありません。介護について意見が分かれると、冷静な論争では済まなくなります。(19) ここでも、私は家族療法をお勧めします。良いコミュニケーションとチームワークについて学べるはずです。

偏見に屈するな

未だに認知症にまつわる社会的偏見があるため、家族の儀式と集まりが中止されることも多いのです。こうした偏見が、不安と恥の気持ちを生むので、人前で介護するのを憚《はばか》る介護者も出てきます。死を受け入れない文化においては、認知症に向けられる偏見に対抗するため、大変な努力が必要です。人前でも胸を張って、患者と一緒に交流する集まりを催している介護者と家族に目を向けてみてください。彼らは、偏見をもち勝手な決めつけをする人たちを、単に気に留めないだけのことなのです。ネイティブ・アメリカンは、認知症の高齢者が公の式に共に参加するのは、自分たちにとって名誉なことだと語ります。彼らから学びましょう。

誰一人として完璧である必要はありません。まごつくのは止めましょう。批判する人のことは無視しましょう。何よりも、地域社会のどこであろうと、いつも堂々と表に出ましょう。どんどん外出してください。

危険であれば続けない

デボラと彼女の夫は、毎年の行事として、遠くに旅するのをとても楽しみにしていました。幻覚を引き起こす変性性の認知症である、レビー小体型認知症と夫が診断されたあとでさえ、彼女は年に一度の二人の旅行を続けました。今回はアラスカへ、友人たちも一緒に向かうことになっていました。しかし、出発直前に、その二人に急な事態が起き、行かれなくなったのです。デボラはどうするでしょうか。

これが最後の旅行になる気がしたので、どうしても行きたいと思いました。美しい場所をフェリーで回るなど、私にとって素晴らしい体験もありました。けれども、一方で、夫が妄想に取り付かれ、いつでも私といたがりました。閉所恐怖症気味になってしまった私は、「デッキに出て、本を読んでくるから」と言いました。「一緒に行ってもいいかな」と、夫が尋ねましたが、少し一人になりたいのだと、私は答えました。デッキから戻った私に、夫は浮気をしたと責めました。ひどすぎる妄想でした。私は悪いことをしたと感じ、懸命に夫を安心させようとしましたが、うまくいきませんでした。「どこへ行ってたんだ。美人コンテストでもあったか」。ひどくなる一方でしたが、私は泣きませんでした。その時はまだ、唖然《あぜん》とするばかりでした。私には逃げ場がありませんでした。アラスカ観光は素晴らしかったのですが、次に何が起こるかと、ずっと気が抜けませんでした。夫が夜の恐怖に取りつかれたある晩は、私の目の周りにあざができました。「僕たちの素晴らしい人生に何が起きたんだろう」と、意識が落ち着いている時に夫が訊きました。最初、私は何もできませんでした。目の前の状況を認めることはあまりにも難しかったのです。最終的には、そうすることになりましたが。

復元力《レジリエンス》と柔軟性を持つことで、良い結果がもたらされます。儀式と祝い事を続けられる状態を保とうとするなら、介護の途中と、それが終わったあとの両方で、変化が求められます。

安全を取り戻すためには、遠く離れた場所に夫と旅行するというそれまでの形を変えなくてはならないと、デボラは気づきました。年に一度の旅行をそのまま続けましたが、せいぜい近くにある湖畔の山荘まででした。そこなら、家族や友人が周りにいられるからです。「その形でうまくいきました」と、彼女は言いました。その後、何年かして夫が亡くなると、彼女はまた遠くへ旅するようになりました。一人の時もあり、友人と一緒の時もあります。そしてしだいに、失ったものの大きさを、新しい体験と絆とで埋め合わせていきました。彼女の復元力《レジリエンス》が、その時から今に至るまで、良い結果をもたらしています。

成功した例

長く家族の儀式を準備していた人が認知症になっても、問題なくそのまま行事を続けている人たちは少なくありません。必要な役割と仕事が、家族の間で軽やかにダンスでもするように移行し、高齢の親は、今では見る側に回っています。いなくなったわけではなく、役割から外れたのです。世代から世代への移動が、すべて摩擦なく進むわけではありませんが、ある友人の話が、成功例を分かりやすく教えてくれます。

母が脳卒中のあと認知症になったため、私たち家族は、クリスマスの祝い方を見直す必要がありました。妹は、いつも母が作ってくれたアイスクリームにかけるチョコレート・ソースを（母のレシピを使って）準備します。兄は、以前は母が用意していた、クリスマス休暇の間に必要になるナッツ類を持ってきてくれます。私は、母が孫たちに手渡せるように贈り物を買います。私たちは、家族として休暇を過ごす時の役割から母を外しますが、同時に、自分たちにとって大切に受け継いできたものを守っています。このことは、家族の伝統が母を失ったあとも続いていくのだという希望を、「これから想像できる希望」の一部として、私に与えてくれもします。

デボラや、私の友人とその兄妹がしたように、進んで柔軟に対処し、病気に合わせて変化を受け入れるならば、認知症は喜ばしい時間を取り上げはしないはずです。家族の儀式と祝い事は、連続性の感覚と将来への展望を与えてくれ、その結果として、あなたが家族の一員であるという安心感が高まります。血の繋がった家族であろうと心の家族であろうと、折にふれて集まってください。この長く困難な道の途上で、あなたが孤独を感じないことが大切です。

【振り返り、考えるためのヒント】

◉家族の儀式には、晩餐《ばんさん》、就寝時の決まり、週末の楽しみのための活動、それに、誕生日、記念日、親族の集まりがあり、結婚式やクリスマスなどの祝い事も含まれる。[20] 儀式の内容は、複雑なものでも単純なものでも構わないが、少なくとも誰かもう一人が加わるようにする。

◉認知症に見られるような曖昧《あいまい》な喪失を嘆くための儀式に特に決まった形はないが、失ったものを心に刻み、愛する人を尊重する何らかの方法を考え出すと、他の人にもあなたの喪失が肌で感じられ、わかってもらえる。

◉誰かを傷つける行為が含まれていたり、参加できるかどうかに厳しすぎる規則を設けたりすると、家族の儀式が悪影響を与えてしまう。

◉新しい儀式についてあれこれ考える時に協力してくれる人、たとえば同じように誰かを介護している人や親しい友人などで、あなたの状況を理解し、共感してくれる人を見つけよう。彼らが心の家族の一員となってくれるかもしれない。

◉介護者から見ると、家族の儀式を行なうことで、支援が必要な時に、誰が味方になってそばにいてくれるかが明らかになる。

◉認知症から起こる喪失は連続的なものなので、介護者にとって、嘆きの儀式は連続的なものとなる。

◉あなたの文化、信条、個人的価値観について配慮してみよう。まだ亡くなってはいない愛する人を悼《いた》むのにどんな方法ならば、あなたの価値観や信条に沿うだろうか。

◉喪失を感じるごとに、花、蠟燭《ろうそく》、歌、詩によって、また、風船を空に飛ばす、折り鶴を海に流す、庭に植物を植えるなどして、その区切りを刻みつけてみよう。あなたにとって特別であるその喪失を、象徴してくれるような何かをしてみよう。

◉どの儀式が、あなたのストレスを和らげただろうか。参加を諦めたり、中止になったりした儀式はあったろうか。

◉家族の儀式と祝賀におけるあなたの役割を考えてみよう。儀式の決まりが厳しすぎないだろうか。もっと柔軟に行なえるよう、家族でやり方を改めることができるだろうか。

◉どうすれば、あなた（そして愛する人）がより参加しやすくなるのか、一覧表にしてみよう。家族にどう変わってほしいかを伝えてみよう。

◉毎日が難しければ、少なくとも一週間に一度、ただのおしゃべりの相手でもよいので、会って食事や散歩をする人を見つけよう。

第7章

七つの指針——認知症と歩むために

道はただ一つです。内なるものへ向かいなさい。
（ライナー・マリア・リルケ『ある若い詩人への手紙』一九二九年）

介護者としての人生をしっかりと生きようとする時、相反する二つの考えを、同時に自分のものにしておく必要があります。その考えとは、自分を気遣い、同時に相手を気遣うことです。ここで、あなたには自己省察が求められます。

愛する人の介護をするのなら、完全とはいえない解決策を受け入れなくてはなりません。たとえば、あなたが少し休む間、代わって誰かに介護してもらう、役割分担してもらう、また、愛する人を施設に入居させて介護してもらう場合があるでしょう。妥協点を見出すには痛みを伴いますが、そうしないのは危険です。良い介護者になる方法を問われた場合の回答はいろいろと考えられますけれども、そこには必ず「介護者が自分自身を気遣う」が含まれなくてはなりません。

介護者が自分自身を気遣う方法には、態度、信条、規範、価値観において、文化の違いが反映されます。宗教、社会経済的地位、地域、性別、民族、年齢などすべてが、介護をどう意味付けるか、そしてどう向き合うかについて、影響を与えます[1]。今の時点でわかっているのは、病気の初期の段階で（診断される前であろうとも）、介護者にとっては大変なストレスがかかっているということと[2]、長期にわたり大きなストレスに曝《さら》されるのは、介護者の健康に良くないということです[3]。

ここで、普通思いもかけないであろう事実は、介護者側のストレスが、介護される人にも悪影響を及ぼすことです。すなわち、あなたが苦しんでいればいるほど、認知症の人も同じく苦しみ、その行動が予測しにくくなるというのです[4]。介護者がこの事実を理解すれば、自分自身を大切にするための、最高の動機づけとなることでしょう。

実行に移すためには、まず、自分自身と自分の今の体験に焦点を合わせてください。意味づけ、統制、アイデンティティ、アンビバレンス（両価性）、愛着、希望という側面からこの章でお伝えしていく内容について、よく考えてみてください。一人でじっくり考えても、討論グループや、自助グループや読書会やブログの中で話題にしても良いでしょう。専門家などに相談するのも良いと思います。

ただ、それらがあくまで指針であって、順番や期間を決めてやり遂げなくてはならないことを列挙したリストなのではないと理解しておいてください。終わりが来て安心することも、終わりが迫ってきて苦しむこともありません。認知症とそこからもたらされる曖昧《あいまい》な喪失と共に生きる時、指針はより柔軟であったほうが良い効果が得られます。

ですから、このあとに書かれた七つの指針の順番に従うことも、すべてに同じだけ注意を払うことも、全く必要ありません。必要に応じて読み方を変えてください。あなたが目指すのは完璧さではなく、長くストレスに満ちた道のりを、できるだけ自分を大切にして進むことなのです。

第一の指針——意味を見出す

意味を見出すとは、すなわち、自分の体験を理解できるようになるということです。けれども、認知症の場合は、曖昧《あいまい》な性質を持つので、意味を見出すのが特に難しいのです。愛する人がここにいながら、一方ではいない、そして、その不自然さがずっと続くので、その人との関係にどのような意味があるのか、なかなかわかりません。それまで理解していると思っていたすべてが、混沌《こんとん》としてしまいます。

混沌《こんとん》としていようと、無力感と絶望に陥ることを避けるために、何らかの意味を見出すことは必須です。普通では考えられない不可解な喪失に、どう意味を見出せばよいのでしょう。それには、二つの考えを同時に受け入れることです。相手との関係は奇妙な形で失われてしまった、それでも、なお関係は存在する、と。

二重の思考を無理なく受け入れるために、自分の信念を見つめ直してください。愛する人が存在するという事実は絶対的でなくてはならないと信じるなら、そして、人はいないのか、いるかのどちらかであり、両方ではあり得ないと考えるなら、二重の思考はあなたに不向きかもしれません。それを承知で、ぜひ試してほしいと思います。愛する人が認知症である時、それは意味を見出すための優れた方法なのです。自分の人生において、いったんその二重性を実感すれば、矛盾と共に生きることができます。

こうした背景から、愛する人との関係に意味を見出すには時間が必要です。自分の体験を物語に書いたり語ったりすることで、叙述的な形で意味が見出される場合も少なくありません。作家、テレビ解説者として知られたウィリアム・F・バックリー[*1]の息子で、やはり作家であるクリストファー・バックリー[*2]は、高齢の両親を介護する経験に意味を見出そうとしている、七七〇〇万人のベビーブーム世代のアメリカ人の一人です。バックリーは回想録『パパとママを失うこと』の中で、以前は人に何かを頼ることのなかった両親が、今では息子に頼り切っているのを目前にするという「日ごとのおぞましい仕打ち」をどう感じるか、悲痛に書き綴っています。

父が私の腕にしがみついていた。胸がえぐられる感じだった。私にとって、これはもう初めて見る世界だった――妄想を抱く親が、自分自身のために、何かを禁じられるはめになる。反射的に自分のあらゆる部分が親の望みに従いたいと思う。自分が生まれたその日から、育て、服を着せ、食べさせてくれた人に、それは駄目だよと言うことは、（中略）あるべき姿に逆らっている。父の場合、実際にそれを言う仕事は、何とかうまく他の人に任せてはいたけれども、親に背き、モーゼの第四の戒め〔父母を敬え――引用者注〕に反しているように感じた。これが、アルツハイマー病患者の子どもに課せられる、痛[*3]

烈で残酷な毎日なのだ。「お母さん、駄目だよ。ミキサーに指を入れないで。わかった?」[5]

世の息子たちや娘たちは、かつて有能だった親を世話する立場になることを、どうやって納得すればよいのでしょうか。バックリーは名の知られた両親を尊敬していました。二人がそう求めていたのです。ところが、今の両親は完全に息子に頼っています。

この話を紹介したのは、介護という状況が様々な境遇の人々に突如降りかかってくるのを、私たちは忘れがちだからです。介護の問題は、誰にとっても簡単ではありません。ストレスを高める矛盾――子どもが親のように親を世話する――に対して、何らかの意味を見出すまでには時間がかかります。

マリーも悩んでいましたが、彼女の場合は、かつて才気溢れていた夫が認知症と診断され、もとの関係をどう受け止めれば良いのかが問題でした。「病名はそう重要ではありません。以前の夫ではなくなってしまったのです。もうどうしたらいいかわかりません」。

彼女の夫は、これ以上ないほどの実績を上げた医師でしたが、今は食器洗い機に皿を入れる作業もできません。以前はいつでも彼女にも他の人にも親切で頼れる人でしたが、今では不機嫌で人付き合いを嫌います。「昔の夫が恋しい」と彼女は言いました。「家族に介護者適性テストを受けさせられました。夫のほうを何とかしないといけないのに、鬱《うつ》病だと言われてしまいました」。彼女は自分の診断結果に深く傷ついていました。

注意して彼女の話を聞いたところ、友人関係の人脈はとてつもなく広く、家族も社会的支援も彼女との繋がりを保っていますし、本人に活力があり、楽観とユーモアを忘れないことから、鬱《うつ》状態には見えません。ただ、一つ言えるのは、彼女が悲しみ、悲嘆の状態にあるということです。

「私は、あなたが鬱《うつ》状態だとは思いません」と私は言いました。「でも、悲しんでいますね。それは当然のことです」。彼女は安堵《あんど》のため息をつきました。

「素晴らしいご主人をあなたは日に日に失っています。そして、そのことを嘆いています。当然のことです」。

彼女にとって、鬱《うつ》病という診断は、自分の側に欠陥があることを意味しました。けれども、悲しみ、嘆いていると言われれば、自分は正常だと受け取れました。そうであれば納得できましたし、これからやって来ることに耐えるために、より強くなれる気がしました。それを確認することで、二重性をもつ考えができました。「夫と私の人生に起こったことが嫌でたまりません。それでも、私の人生は、こうした状況を抱える人々の中で比べてみると、かなり良いものなのです。夫と何かができることは嬉しいですし、この長い道のりに理解と思いやりを示してくれる、たくさんの素晴らしい人たちが支え、助けてくれることに大きな喜びと安心を感じています」。

自分の悲しみと怒りを自覚したあとにも、彼女の話の中に復元力《レジリエンス》が感じられました。良い面と悪い面を、落ち着いて話し合うことができるようになりました。自分の状況の両面が理解できるようになったのです。

誰でも、鬱《うつ》病という診断を、彼女と同じように受け止めるわけではありません。しかしながら、多くの介護者が、「病気だ」と見なされるのは嫌だと語ってくれました。鬱《うつ》病の診断を受けると、介護者は不本意だと感じることが多いのです。その診断によって、愛する人の世話が今までのようにできないかのように、自分を落伍者のように思ってしまうのです。

意味を見出す方法が人によって違うことにいつも驚かされます。ある介護者の団体で、悲嘆に関する新しい研究内容について説明した時のことです。(6) 第2章で説明したように、悲嘆の経過は振り子に似ています。

完全に終わることはありませんし、時と共に間隔を広げながら、悲しみが大きくなったり小さくなったりします。喪失の何周年かにあたる日が巡《めぐ》ってきたり、やって来るはずだった人生の節目が、いざその時が来ても叶わなくなっていたりする場合は、再びその間隔が狭まることもあるでしょうと。

こうした悲嘆の振幅について、先ほどの団体に話していると、後ろのほうで聞いていた男性が声を上げました。「私は技術者です」と彼は言いました。「今日こちらで、技術の世界では学ばなかったことを学んでいます。でも、意味がわかります。振幅という考え――そのおかげで、今経験していることが理解しやすくなりました」。

その男性は、技術に関する言葉を通して意味を把握しました。詩や音楽を通して、また、宗教的な物語を通して意味を見出す人もいるでしょう。たとえば、旧約聖書には、計り知れない喪失を経てさえ、最終的に再び幸福を得る敬虔《けいけん》な男、ヨブの物語が記されています。喪失の意味をどのような形で見出すにしても、辛抱強く向き合っていく必要があります。

第二の指針――コントロールすることと受け入れることのバランスを取る

熟達と問題解決に価値を置く文化において、曖昧《あいまい》さを受け入れることは失敗を意味します。人々は、人生が自分で管理できるものであることを願います。認知症を患う人がどのぐらい生きられるか全くわからない時、介護者は絶対的な考え方に傾いてしまうことが多いかもしれません。つまり、愛する人がすでに自分の人生からいなくなったと見なす、あるいは、何かがうまくいっていないことを否認するというものです。しかし、絶対的な回答というものは、虚構に過ぎませんから、より大きなストレス、つまり、弾力性のある復元力《レジリエンス》ではない、硬直した脆《もろ》さをもたらします。曖昧《あいまい》さに耐え、たとえ今はどうなるかわからなくても、事態は変わっていくものだと、信じられるようになったほうが良いのです。

自分の身辺に起こることに何もできないとしても、自分の考え、対応、そして内なる自分は、自分の意志で何とかできます。そうした精神力は、様々な方法によってもたらされます。祈り、瞑想《めいそう》、音楽、詩、その他の創造的な表現物。自分の内面をコントロールするために、運動によって身体を鍛え上げる人、学んで頭脳を磨き上げる人もいるでしょうし、念じることを通じてその両方の状態を高める人もいるでしょう。第3章で紹介した、長期間の介護を続けているヘレンの場合は、自分が向き合えるようになるまで、悪い情報を一時的にポケットにしまいこむようにしていたわけですが、介護を続けられるための新たな方法を見つけたのです。私が「機能的否認」と呼ぶものを使ったわけですが、それが有効な対処法となることが珍しくありません。

ヘレンは、愛する人の認知症が深刻だと医師に言われました。医師のほうでは、彼女が内容に耳を傾けていないと感じ、そう伝えました。彼女は傷つきました。その場の否認的な態度は、意識したうえでの行動だったからです。自分が何をしているかわかっていました。独自の方法として、ある面でコントロール不能の状況に陥った時、別の面でコントロールを保ったのです。

どれだけ一生懸命働いても、また、どれだけ善人であっても、世界がこちらの都合に合わせてくれるとは限りません。悪いことは良い人にも起こります。[7] 認知症はその悪いことの一つです。どうすれば自分がコントロールできる部分を残せるでしょうか。アメリカで広く知られている「平安の祈り」の一例を引いてみます。「神様、変えられないものを静かに受け入れる落ち着きと、変えるべきものを変える勇気と、その二つを見分ける知恵をお与えください[8]*4」。

コントロールを失わないためには、コントロールできるものとできないものとを、見分けなくてはなりません。あらゆる手を尽くして、それ以上できることがなければ、あとは流れに任せましょう。曖昧《あいまい》さを迎え入れるのです。世界は公平とは限りません。物事がいつも思い通りにいくとは限らないこと、そして、あなたが悪いわけではないことを理解してください。あなたはできる限りのことをしているのです。

これまでの習慣を顧みて、コントロールの必要性を下げるのか上げるのかを考えましょう。手綱を引き締めるべきか緩めるべきかは、人それぞれでしょう。物事を制御する必要性が、自分にとっていつ高まり、いつ弱まるのかを把握することが目標です。問題を制する努力を強めていくべき時もあれば、制したい気持ちを弱めたほうが、物事をうまく進められる時もあります。この点を押さえれば、コントロールを取り戻せるのです。

統御しコントロールしたいと望めば望むほど、認知症の場合のように、喪失が曖昧《あいまい》なままの時には、苦悩の度合いがひどくなるものです。そのことを覚えておいてください。ストレスを和らげるためには、どんなに小さくても、何かこちらでコントロールできるものを見つけます。毎週、決まった晩に、友人と食事に出かける、また、邪魔されずに、あるテレビ番組を見るのも良いでしょう。介護を代わってくれる誰かに、毎日、または毎週の予《あらかじ》めわかっている時間に来てもらって、少し当てにさせてもらってはいかがでしょうか。外出、祝い事、儀式、集いは、簡単な形にしてください。あなたの生活がいつも認知症によって左右されないように、家族会議を開いて、手伝いが必要だとはっきり伝えましょう。

統制が大切とされる文化においては、コントロールできないものとのバランスを取るために、コントロールできるものが必要とされます。それが叶わないと、危機的な絶望感に囚われてしまいます。死よりも、曖《あい》昧《まい》さのほうがもっとひどく自分を脅かすのかもしれないということでしょうか（第8章で詳述）。

第三の指針――アイデンティティの幅を広げる

認知症が二人の関係に入り込んできた今、あなたは誰かという問題が生じます。親があなたの名を思い出せないなら、あなたはその人の子であると言えるでしょうか。結婚相手があなたを知らない人と思うなら、それでも結婚していると言えるでしょうか。今、あなたにとって家族とは誰でしょうか。

愛する人が、自分の人生の中にいるのか、いなくなってしまったのかがわからなくなると、自分のアイデンティティが混沌《こんとん》とします。たとえば、妻が夫を認識できなくなり、夫は、それでも結婚と言えるのか疑問を抱くと、夫のほうも自分が自分でないように感じます。認知症の母を持つ娘が、果たして自分は今も母の娘なのか、今では母の親なのかと疑いをもちます。まさに混乱一色です。失われたことの具体的な証明がないのですから、その人の立場と役割は、つかみ所のない泥沼に滑り落ちていき、比較的心の強い人であっても、不安と抑鬱に苛《さいな》まれます。私たちの目標は、曖昧《あいまい》さに対応できるように、アイデンティティを改訂することです。簡単でないのは承知のうえですが、必ず成し遂げられるものです。

マリアはそれを実行しました。すでに彼女は母の介護者として自分を見ていましたが、時には、「ほら、私はまだあなたの母親なのよ」と、母親のほうが元の役割を要求してくるようなことがありました。彼女は笑顔で母の言葉を受け入れました。ユーモアの力で状況を切り抜けました。マリアは用をこなすのは自分だと思っていましたが、母親の申し立てを善しとすることにしていました。母のやる気は一時的なものだとわかっていたからです。それに、そのお陰で、娘としての以前の自分というアイデンティティを思い出すことができました。母が以前の母に戻る時間は、いつも、微笑みと共に、昔の良き思い出を連れてきてくれました。

ここでもまた、あれもこれも思考で対応すれば、アイデンティティを立て直しやすくなります。今やあなたの親にとって、あなたは子であると同時に、親でもあるのです。または、結婚しているのと同時に、結婚していないと感じているかもしれません。愛する人が認知症なら、一つの絶対的なアイデンティティにあなたがしがみつくと、ストレスを増すばかりです。

担うべき役割を改めましょう。妻であるあなたは、今では家族の長であり大黒柱、そして家計を管理し、運転手でもあるうえに、これまでしてきた家事その他もこなすことになるかもしれません。夫であるあなたは、今では子育て、料理、その他の家事をし、それまでのすべての役割も引き受けることでしょう。以前は男の仕事、女の仕事と振り分けたものですが、今では、性別に関係なく、より健康であるほうが受け持ちます。ここで注意すべきは、家族の中の女性だけに仕事が回されてはならないということです。

自分自身に次のことを問いかけてみてください。家の中のどの仕事を誰にしてもらえるか。何人かで組んで行なうべきか、それとも、すべて一人でしたほうが要望に添うのか。民族、宗教、階級、年齢、それに性別について、家族内に暗黙の決まりがあるとすれば何だろうか。たとえば、少女も含めて女性だけが介護ができるものだという暗黙のルールはないか。手伝いに加わらなくてよいとされる人がいるか。その理由は何か。家族で役割の変化について話せるか。

決まりごとについて意識し、その内容を問い直してください。機会あるごとに分担についてのルールを決め直し、一人の肩に介護がのしかからないようにします。年齢にかかわらず、男性も含める形で話し合いをしましょう。今、自分自身をどのように見ているかを考えてください。介護者であることの他に、何であると言えますか。

自分にこのような質問もしてみましょう。愛する人が認知症である時、自分が友人と出かけるのは間違っていないだろうか。自分が今も息子または娘であると感じているだろうか。結婚相手であると、また兄弟姉妹であると感じているだろうか。取るべき行動は何か。自分は何者であるべきか。

人によって答えは様々でしょうが、いずれも、ストレスを減らす行動を取ることを目指しています。もっと柔軟になりましょう。家族や社会からの期待に自分のアイデンティティが影響されているのなら（実際そうである場合が多い）、それに縛られることはありません。介護があなたの健康にどんなに悪影響を及ぼす可能性があるかを理解して、機会を見つけてはくつろいだり楽しんだりしてみましょう。どうか、自分自身の面倒もみることの大切さを忘れないでください。

話を先に進める前に、アイデンティティを見直すに当たって考えるべき問題があといくつかあります。第一に、もしあなたの家族や地域の人々が、認知症に偏見の目を向けるなら、それをはねのけてください。そうした見方は無知によるものです。認知症に感染力はありませんし、誰かのせいで発症したわけでもありません。第二に、家族や地域が、介護を女性だけの仕事だと決めつけるなら、あまりにも頑《かたく》なで公平を欠きますから、その考えを退けてください。女性が幼い者、障害のある者、病人、死に近づいている者の世話をするうえに、生活費も稼いでいるなら、過労で病気に罹《かか》りやすくなったり、命を縮めたりします。大人の男性も、少年も手伝うべきです。第三に、家族や地域が、子どもや若者は認知症の人を訪問すべきではないと思い込んでいるなら、患者と介護者は見捨てられた存在となります。何としても、このような決めつけをはねのけてください。

第四の指針——複雑な感情に対処する

愛する人が認知症を患う時、複雑な感情や両価的な思いが生まれるのはよくあることです。こうした内面が認識されないままですと、特に否定的な感情が突然に溢《あふ》れ出し、怒りや、悪くすると虐待という形で現れます。これは、容認できることではありません。複雑な感情を抱くのは正常なことですが、それを行動にして人にぶつけるのは、正常とはいえません。

認知症を抱えた愛する人を介護する時、怒りや罪を感じ、さらにはすべてが終わってほしいと思うのは、正常なことなのです。その場合、すべてが終わってほしいというまでの気持ちになってしまっていることを、同じ境遇にある人や専門職の人と話す機会を必ず作ってください。問題を防ぐために必要なことなのです。怒りを覚えるのは無理もありませんが、自分自身や介護する患者を傷つけることは許されることではありません。心理療法家や介護者仲間と、自分の最悪の感情について率直に話し合いましょう。介護の対象である人に、時々あなたと似た感情を抱く人がいかに多いかに驚くかもしれません。「この状況」が終わってほしいと願うのは異常ではありませんが、そうした心の葛藤《かっとう》を自覚して、うまく対処していくことが課題となります。

＊＊＊

セイラの母親は認知症です。彼女はひどく悩んで私の所にやって来ました。「もう終わってほしいと思うことがあります。母が死んでくれたら、ということです。私はどうかしているのでしょうか。そういう願いを持つことに罪の意識を感じます。母はもう、生きているという自覚も持っていないのです。終わってほしいと思うのは、私自身のためなのでしょうか、それとも、母のためなのでしょうか。私にわかるのは、今ではかなりの時間を罪の意識の中で過ごしているということです」。

こうした思いは決して珍しいことではありません。私がどう答えたとお思いですか。

「まず、相手がひどく苦しんでいる時に、死なせてやりたいと思うのは異常ではありません。セイラさん、伺いたいことがあります。お母さんが何らかの苦痛を感じているかどうかが、本当にわかるのでしょうか。お母さんを診た医者から知らされたのですか」。この問題の焦点は、それから次の質問へと移ります。「苦痛を感じているのはあなたなのですから、終わらせたいのは、あなた自身のためではないでしょうか」。

その時のセイラの反応からすると、最後の質問への答えは「はい」でした。私は彼女に、それはよくある話だと伝えました。「愛する人が苦しんで見える時、私たちの苦しみも計り知れないものになります。相手の苦しみは、自分の苦しみなのです。それでも、自分の側の苦痛は、自分で何とかするしかありません」。

＊＊＊

それほど多くは苦しむという経験を持たない幸せな人も中にはいますが、苦しみは人生の一部です。そして、誰かを愛するなら、苦しみは避けがたいのです。苦しみに見舞われる時、私たちは必ず、喪失の痛みに耐えるのに充分な復元力《レジリエンス》を持たなくてはなりません。人間は苦しむ必要はないと考えるなら、「自我は、思い通りになることを願っている」[9]に過ぎないのです。認知症に寄り添うなら、物事は自分に都合良くいきはしないという大事な教訓を得ることになるものです。

第五の指針――留《とど》めると同時に放す

認知症と向き合うあなたにとって、愛する人に抱いていた愛着が今も残っているかもしれません。ただし、二人の関係は以前とは明確に違います。[10] 認知症のために、以前と比べてより一方的な関係に変わっていいます。気づかれているでしょうが、絆を維持する難しさは増す一方です。終わりが望めないのなら、愛着の捉え方を「あれもこれも」式へと変えましょう。すなわち、愛する人は、いるのと同時にいないのです。

愛着について見直すとは、中道を選ぶことを意味します。二人の関係が壊れてしまったと思わず、また、以前より不安定であることも否定しません。この中道の立場で、「この人はこのことについて、私にどう考え、どう行動してほしいのだろう」と、折にふれて何度も自分に問いかけてください。認知症である愛する人を心の家族としておくのは、自分の支えになりますし、そのことだけが、安らぎと導きをもたらしてくれることも、時にはあるかもしれません。

あなたのせいでも患者のせいでもなく、揺るぎなかった愛着が、不安だらけのものに変わっています。そう、不安な愛着というものです。ゆっくりとですが、愛する人は姿を消していき、あなたは取り残されてしまいます。状況を複雑にするのは、相手が時々、束の間は、元に戻るので、あなたが再び希望を抱き、また、諦めていた自分を罪深く感じることです。介護者たちは、こうして絆が少しだけ戻るのをかけがえなく感じながら、そういう時間も不安とストレスを増やしてしまうと、私に話してくれます。

友人の一人が、母親に対して、以前と同じだけの愛情を持てていない時があると思うと、罪に感じると話してくれました。認知症によってその人への愛着が損なわれることがありますが、それでも選択の余地があります。もういなくなったかのように、相手を自分の人生から締め出すこともできれば、一部を欠いた、完璧とはいえない関係でも良しとすることもできます。後者のほうがより良い選択ですが、そのためには、より深い人間性が必要とされます。

一部を欠いた関係を受け入れるとは、認知症の人を訪問し、話しかけ、介護をし続けるということです。愛着が妥協した形となるのは、病気が原因であり、患者もあなたも悪くはないのです。親しい関係がそのような状態では、つらいのが当然です。ですから、そちらに献身しながらも、よりはっきりした形でそばにいてもらえる友人や親類などへの、より安心感の持てる愛着を育む必要があります。損失があるなら、補わなくてはなりません。

私の所に相談に来て、新しく誰かと知り合ったり、介護者の仲間の輪を広げたりするのが、何か悪いことをしているように思ってしまうと言う人がいます。後ろめたさは付いて回るかもしれませんが、それを何とかする方法は学べるはずです。新しい友人を増やしていくことにまつわる不安のほうが、孤立した時の抑鬱《うつ》よりも、あなたの心身への悪影響が少ないのです。

第六の指針──新しい夢と希望を描く

誰でも人間として強くあるためには、希望が必要です。認知症との歩みの最中《さなか》にいるあなたに必要なのは、希望を見出せるだけの想像力です。こちらの立場を理解し共感してくれる人たちと、いろいろと意見を出し合ってみましょう。より自由な発想と、より豊かな想像力を持つ、家族の中でも年若い人たちとも、話してみてください。介護を続けながらも、自分にどのような未来が待っているのかを、新しい絆、新しい趣味、新しい旅行プラン、新しい技能の習得、それに新しい人間関係について、心に描いてみることが重要です。

あなたの人生を取り巻く曖昧《あいまい》さとうまくやっていくことからも希望が生まれます。答えの出ない問いに耐える力が増すと共に、精神性の深まりを実感するかもしれません。説明のつかないものにもう少し信頼を置き、明瞭さを望む気持ちをなだめてください。そうすれば、新たな選択への道が開けます。おかしなことを以前より簡単に笑い飛ばせるようになります。コントロールしたいという気持ちが弱まり、より忍耐強くなるのです。

新しい希望を見つける途上で、精神的なものに触れましょう。信仰、自然、スポーツやその他の身体的活動、それに、音楽、舞台、絵画、詩、その他の芸術を通じてなど、自分に合う方法を選べば良いのです。何らかのグループに参加して、いろいろな人々と接することが、新しい夢と希望を見つけるための手がかりをつかむのに最も役立つでしょう(11)。

おそらく、認知症が原因で失われたものに対して、あなたが納得することは決してないでしょう。ただ、不可解な喪失もあるのだと――実際、誰にでも必ず訪れるものです――知ることは、それ自体に意味がありますし、変化と希望に向かって、あなたを動かす力となるはずです。どうしてそうなるかといえば、全く無意味な喪失があると――それは必ず訪れます――理解すれば、絶対的で完璧な解決を見出そうとするのは止めて良いのだという許可と自由とを、自分に与えられるからです。

あなたは逆説を受け入れ始めているのです。つまり、今や、意味がないということにさえ意味を、希望がないということにさえ希望を見出せるのです。

第七の指針――自分のケアをする時間を取る

多くの空港に（とりわけ印象に残っているのはアムステルダム）、「足下《あしもと》にお気を付けください。足下にお気を付けください。足下に……」と、人がそこから降りるまで、メロディのある声で繰り返す動く歩道がありま す。自分のケアをするようにという記事を読んだら介護者は目を白黒させるわと人から言われて、私はこの催眠術まがいの空港の注意を思い出しました。「そんなことを書いても、読んでもらえませんよ」。はい、そうですね。それでは、あと一つだけ、すでに負担が多すぎる毎日で介護者のあなたが気を付けるべきことを聞いてください。

あなたの健康に責任があるというのは、あなた一人のためにだけではありません。必要ならば、友人、隣人、親類、信仰を同じくするグループや趣味のサークルの人々に頼ってください。必要な情報を教えてくれる専門家が主導する介護者の自助グループも、助けになるかもしれません。理屈としては、すべての人が介護者を支援するのですが、実際に、周囲にいる私たちのほとんどに求められているのは、今以上の働きなのです。介護者が担っている困難な仕事に気づき、どれだけわずかでも、助けを求められた時に応じなくてはなりません。さらにできることなら、求められていなくても進んで助けることです。

人知れず良い働きをするのはまさに賞賛に値しますが、地域が教育を受け変化するためには、そっと気づいてあげなければなりません。バーバラ・ピム[*5]が『よくできた女《ひと》』という小説で描いたように、普通、人は「隠れて善行を施す」[(12)*6]ことはしません。ところが介護者の場合はしているのです。彼ら彼女らは、「隠れて善行を施す」よくできた人間なのです。なぜなら、認知症患者の他には、誰も介護の仕事ぶりを見ていないからです。そのうえ、認知症の人たちが、介護という善行を他の人に伝えることができるのは稀《まれ》といえます。

非常に多くの人々が一般の目に触れない所で行なっている、社会に欠かせない仕事へと、私たちはもっと目を向ける必要があります。直接の形でも遠くからの気遣いという形でも、介護をしている皆さんの仕事を、私は尊敬し、絶賛します。それでも、介護のために自分の健康を損ねてほしくはありません。

＊＊＊

釣り合いを取る

自分の心身に気を配りつつ介護をすることは、難しい綱渡りになるかもしれません。どうやってこなしているのか見てみましょう。ジュリーは、夫の介護のためになかなか外出できなかったので、インターネットを利用して人々との絆を持ちました。友人や介護者仲間と連絡を取り合うだけでなく、いつか学位を取ることができるかもしれない家の近くの大学を検索してみました。将来に焦点を合わせることで、外を出歩けなくても、自分を常に前進させる助けになったと彼女は言いました。夫の死後、ジュリーは学校に通い始めました。それは、今まで願ってきたことであり、彼女は目標を得ることができました。その上、仕事に就くこともできたのです。その両方とも、もう介護者ではなくなったジュリーには必要なものでした。

ジャンは、できるだけ多く——毎日ではなく、週に数回——彼女の連れ合いのボブのもとに訪れると同時に、それまでの社会的な繋がりも維持するようにして、自分を良好な状態に保つことができました。誕生日や休暇は、ボブが入っている施設で祝いました。家族や友人も、持ち寄りの食事会の準備を手伝ってくれました。集まった全員が楽しく過ごし、誰一人、用意や移動によって疲れてしまうことはありませんでした。

自分に配慮している例をもっと挙げましょう。ドンは医師の指示に従って週二回ジムに通っています。ローラは月に一度、友人と開くビンゴ大会に参加して楽しんでいます。フレッドは週に一度、ある友人と食事に出かけます。ジェンナは仕事を辞めないで、その代わりにパートタイム勤務に変えることにしました。一日何時間かでも家から出ると、ストレスが和らぐと彼女は言います。最後に紹介するティムは、コンピューターを手に入れて検索の仕方を覚え、インターネットで毎日交流し合う介護関連のグループに加わりました。「すぐそばに友だちがいるようなものです」と、彼は言いました。

＊＊＊

愛する人の介護をしながら、介護を受ける人にとっていいことをすることです。つまり、ひと休みする時間を取ってください。完璧を目指すのを止めるのです。罪の意識を感じないでください。コントロールできないものをコントロールしようとすることはありません。夜にはぐっすり眠る方法を見つけましょう。

自分自身を気遣うのは我が儘《まま》ではありません。今、健康でしっかりしたあなたを必要としている愛する人のためにそうするのです。家族のほかの人に、もっと手伝わなくてはいけないと言いましょう。もしあなたができなくなれば、次に介護者となるのは彼らなのですから。要は、休みを取ることによって、あなたはすべての人――認知症患者、家族、地域――に役立つことをしているのです。

そうはいっても、介護者としての毎日があまりにも苦痛に満ちて、プロの助けが必要になることもあります。次の各項目に目を通して、自分の状態を確認してください。

＊＊＊

以下のチェックリストを使って、現状を評価しましょう。機会あるごとに試してみて、その結果について、介護グループのリーダーや主治医に相談してください。見ての通り、あなたに当てはまる項目が、チェックリストの後ろになるほど、専門家の助けを求めなくてはならない緊急性が高まります。

もし次のように感じるなら、他の介護者または専門家に相談してください。

❑悲嘆の中に沈み込んだかのように心が塞《ふさ》いでいて、軽い鬱《うつ》状態だが、まだ何とかなる。

❑身動きが取れないか混乱している。

❑下さなくてはならない決定に罪の意識を感じる。

❑当然するべきと思われている行動だが、為す術《すべ》がなく感じる。

❑家族のほかの人に、助けを求められない。

❑誰も話を聞いてくれない。

次の場合は、プロの家族療法家、または夫婦・カップルの問題を扱う専門家を訪ねてください。

❑かなりのストレスが家族にかかっており、自分の神経は常に張り詰めていて薄氷を踏む思いだ。

❑介護にすべての時間が費やされてしまい、結婚相手、子ども、友人との関係は凍結状態になっている。

❑家族、隣人、友人との争いごとが増えている。

❑家族が集うお祝いの会や儀式が取り止めになり、交流が途絶えてしまった。

❑現状について話し合う家族会議の場がないか、場をもつのを止めてしまったので、介護者として見捨てられた気がする。

❑親類が介護者にも患者にも関わろうとせず、助けを申し出る人はなく、近くに介護者のグループもない。

❑成人した子どもや義理の子どもが、批判はするが手伝わない。

❑ますます金銭が必要なのに、家族のほかの者は援助する気がない、または介護者が経済的な犠牲を払っているという事実を認めない。このような場合、法的な、または家計の資金繰りに関する専門的な助言が必要になるかもしれない。

以下は、いずれにしても、さらに緊急性が高い状態です。次のような感じ方は一般的ではありません。早急に専門家に相談してください。

❏ 気分が落ち込み、または絶望を感じて、心身が働かない。
❏ 不安に囚《とら》われて、心身が働かない。
❏ 身体的な病気になってしまったと感じる。
❏ 介護する患者にたたかれたり、締めつけられたりして、危険を感じる。
❏ 自分を傷つけたい気がする。
❏ 介護する患者を傷つけたり、怒鳴ったりしたくなる。
❏ 酒や安定剤に依存しすぎる。
❏ 処方された薬を飲まなくなったり、濫用したりする。
❏ 食事や睡眠が充分に取れない。
❏ 自分のことはどうでもよくなる。
❏ 現状を脱するには死ぬしかないと思う。

＊＊＊

最後のチェックリストのうち、一つでも当てはまる場合は、できるだけ早く臨床心理士、精神科医、ソーシャルワーカー、家族療法家、内科医、聖職者などのきちんとした専門家を訪ねてください。自分に正直になりましょう。今の状態を専門家に伝えるのです。もしあなたが心身に障害を持ってしまったり、亡くなったりすることがあれば、愛する人はあなたの介護を受けられなくなってしまいます。

現状が列挙した項目のどれにも当てはまらないのなら、アンナのまねをしてください。「これで無理なく自分のことをチェックできます。今のところ当てはまるものがないからかもしれません。でも、これからもチェックは続けます」と、彼女は言いました。素晴らしいことです。どうぞ続けてください。

介護者に自分のことも考えるようにと言い続けるよりも、「自分自身を気にかける」ための、このようなチェックリストを提供するほうが効果的だとわかりました。アンナがその理由を教えてくれます。「『自分のことを大切にしていますか』というありきたりのことをいろいろな人から訊かれるのが嫌です。それが本当は何を意味するのかわからないで訊いてくるのです。自分を大切にするということを、みんな何か大げさに考えています。私にとって自分を大切にするとは、応援してくれる友人となるべく機会を見つけて気持ち良く外出するくらいのことなのですが、人はそう考えません」。

アンナが自分のためにすることを、人がふまじめだと見るのが残念です。人々がアンナへの気遣いだと考えていることを、見当違いであり、共感に欠けていると彼女は感じています。介護者はどうすればよいのでしょうか。私がお勧めするのは、支えてくれ一緒にいてくれる人たちを見つけることと、それ以外の人々とは付き合いを最小限に抑えること、そして、それに関して罪の意識を持たないことです。

親類、隣人、友人、それに専門家でも、常に耳を傾けてくれるわけではありません。彼らが善意で対応していても、介護者が必要なものについて話すのを真摯に聴いていない時もあります。私に相談に訪れる、あるいは通りや集会所で見かける、または家族の中にいる介護者たちは、もっと共感してほしいのです。どうすれば助けになるかを介護者に尋ねてみてください。ただし、彼らの立場で考えてみることは、いつでもできるでしょうから、性急に答えを出させないでください。

おそらくは家族や友人の中に、介護の仕事に向いていない人も見受けられるでしょう。短気であったり、コントロールすることにこだわったり（両方の場合もある）する人は、作業に適応できないことがあります。彼らも手を差し伸べたいのですが、賢明にも、気の進まない様子を見せます。そうした躊躇《ちゅうちょ》を、私は尊重し、他の方法で手伝うように助言します。直接の介護作業に向けるより、介護のための書類作成や介護者への資金援助、または毎日介護に携わる人が短期間休めるように何かをしてあげるほうが、彼らには向いているのかもしれません。

介護しないでも、できることはいろいろあります。介護者と夕食に出かける日をきちんと決めてはどうでしょう。介護者の家を訪ねて、勝ち負けがはっきりするトランプやボードゲームで遊ぶのも良いでしょう。曖昧《あいまい》さの渦中《かちゅう》にいると、どんなにささやかであれ、明瞭さによって気持ちが落ち着くものです。

■ ■

あなたが介護者であるなら、何としてもこの介護の道を一人だけで歩まないでください。同じような喪失に向き合っている人を見つけてください。お互いの状況は、認知症の進行と症状の程度によって違うかもしれませんが、共通の土台を見出せるはずです。自分に役に立つ考えがあれば取り入れましょう。愛する人を介護し、自分の健康を維持することの、両方のための復元力《レジリエンス》を手に入れるのに役立つでしょう。

このように考えてみましょう。認知症の人の介護は、霧の中を歩くようなものです。あなたは混乱し、自分に強さがないと感じ、時には絶望するかもしれません。それでも、次に足を踏み出す先に何が待ち受けているかがわからなくても、あなたは前進し続けます。躓《つまず》いたり転んだりすることがないように足下《あしもと》に注意します。疲れ切った時は、歩みを止めて一休みします。立ち往生してしまった時には助けを呼びます。これが、自分を大切にし、自分をケアするということです。

【振り返り、考えるためのヒント】

七つの指針は、拙著『あいまいな喪失とトラウマからの回復』[*7]の内容の一部に、手を加えたものです。

1. 意味を見出す

◉喪失が曖昧《あいまい》で不明瞭なものの時、意味を求めようとしても難しい。

◉認知症について納得できるようになるには、「あれもこれも思考」が必要である。自力で掘り下げるだけでは不十分である。考え方を変える努力をしよう。

◉否定的にではなく、肯定的に意味を捉えられるようになれば、ストレスが和らぐ。

◉意味を見出すには、今後に希望が感じられなくてはならない。

◉認知症に苦しむ人を介護することに意味を見出せるようになれば、介護する人を気遣うことにも意味をもたらしてくれる。

2. コントロールすることと受け入れることのバランスを取る

◉ある状況を受け入れると決めることは、その状況に無抵抗に屈することではない。

◉この世が常に公平とは限らないこと、今体験していることが起きたのは自分のせいではないと知っておこう。

◉進んで対処せずに、物事が改善するまでひたすら待つのなら、しだいに鬱《うつ》になるだけである。助けが必要ならば、介護者の問題を扱っているプロの心理療法家に相談しよう。

3．アイデンティティの幅を広げる

◉自分が何者であるかを、また、介護者となってからアイデンティティと役割が変わってしまうということを知っておこう。

◉自分には介護者以上のアイデンティティがあるのだと思ってみよう。頑《かたく》なに一つのアイデンティティにしがみつくのは危険だ。

◉孤立したり、関係が断ち切れてしまったりすることがないように、社会的な絆を保とう。

4．複雑な感情に対処する

◉愛と憎しみ、喜びと怒りなどが入り混じる複雑な感情を抱くのは普通である、ただし、その感情を何とかしなくてはいけないのだと理解しよう。

◉良くない感情について、無意識のうちにそうした感情を行動化せずに済むように、誰か専門職の人とまたはグループの中で話をしよう。

◉罪悪感や恥の意識について、他の人たちと話してみよう。そうした感情が自分だけではないことがわかるだろう。

◉自分の怒りの対処法を学ぶ講座があれば受けてみよう。問題になるほどのアルコールや安定剤への依存があるのなら治療しよう。必要に応じて資金管理を学び、必要な時には問題が解決できるようになろう。

◉曖昧《あいまい》な喪失は両価的な感情を引き起こすけれど、対処する方法を身に付けられるのだということを忘れないでおこう。

5. 留《とど》めると同時に放す

◉認知症の人に触れ、話しかけ、また、訪ねていくことを続けよう。

◉外に出かけ、休暇も取ろう。それはあなたが介護する人に対して、裏切りなのではなく、その人は、あなたが休みを取ることによって恩恵を受ける。

◉新しい友人を見つけよう。

6. 新しい夢と希望を描く

◉これまでの夢と希望が、これから見つける新しいものに道を譲れるようにしよう。

◉現実とかけ離れた希望は、前進の妨げになることもある。変わるための新しい選択肢に思いを巡らせてみよう。

◉希望は無理にひねり出すものではない。より大きな目標を目指すことができるという心の高揚から、湧き上がってくるものである。

7. 自分のケアをする時間を取る

◉人間関係の問題に加えて、個人の感情というものがある。一般的なものもあるが、なかには命を脅かすものもある。

◉無力感で気分が沈み、外出する気にもならなくなった時は、医師または、介護者やその家族からの相談を受けているプロの人に助けを求めよう。

◉悲しみと孤独を感じるならば、社会的に支援し、ストレス対処の情報を提供してくれるグループを探そう(かかりつけ医や心理療法家に助けを求めても良いだろう)。

◉軽度の鬱《うつ》や悲嘆に悩む時は、投薬の必要がある場合とない場合がある。今のところ、研究者の間でも軽度の鬱《うつ》に医薬が有効かどうかに疑問が生じている。とは言うものの、たとえ軽度であっても鬱《うつ》症状を放っておいてはいけない[13]。対処の仕方を学ぶために、適切なグループに参加し、情報を集め、人々の体験談に耳を傾けよう。情報は力であり、仲間といれば、力が湧いてくる。

◉邪魔されることなく眠りたいと願うのが罪だと感じるのなら、かかりつけ医の役割を覚えておこう。医師が家族のほかの者に対して、質の良い睡眠が介護者にとって緊急に必要だと伝えることは珍しくはない。医師として、あなたにではなく家族にそれを求めるのだ。

第8章

美味なる曖昧《あいまい》

「希望」は羽を纏《まと》うもの、
そっと心に停まるもの、
そして言の葉なく歌い、
止むことはない——決して
（エミリー・ディキンソン 作品番号 二五四 一八六一年）

これまで、曖昧《あいまい》さの否定的な面と、それが喪失を伴う際にいかに苦痛なストレスとなるかに焦点を当ててきました。この章ではその肯定的な面を見てみましょう。曖昧《あいまい》さには希望もあるのです。

曖昧《あいまい》さに良い点を見出すことによって、認知症が原因で失われたコントロールの一部が戻ってきます。曖《あい》昧《まい》さの建設的な面を受け入れると、介護の道を耐え進むための、復元力《レジリエンス》と活力が自分のものとなります。

美味なる曖昧とは、現在もアメリカで人気のテレビ番組「サタデー・ナイト・ライブ」で、初回からレギュラーとして活躍したコメディアン、ギルダ・ラドナー[*1]が使った言葉です[(1)]。癌《がん》を患い、生きられるのか死ぬのかが不確かななかで、著書『いつも何かが』の内容は達観に向かいました。ギルダはこう書いています。「韻を踏まない詩があり、はっきりとした始まりも途中も終わりもない物語があることを、今では、身をもって知っています……私の人生同様、この本は、わかるということができず、いつも変化しなくてはならず、次に何が起こるかわからなくても今の瞬間をつかまえて最善を尽くすということについて書かれたものです。それがまさに美味なる曖昧《あいまい》なのです[(2)]」。ギルダの言葉は、私たちすべてにとって、深い叡智《えいち》を含んでいます。恐怖や激しい動揺はコントロールできなくても、日々をどう過ごすかは自分次第だと、ギルダは知りました。

私は今、ニューヨーク市を訪れてこの文章を綴っています。ロックフェラー・センターにあるスタジオから、華々しく番組を送り出している「サタデー・ナイト・ライブ」の本拠地です。一方で、ニューヨークは、曖昧《あいまい》さと戦いながら日々奮闘している何百万という人々の拠点でもあります。ウォール街で働く人や投資家から、芸術家や脚本家や詩人に至るまで、あらゆる分野の人々がここにいます。人生の先は見えませんが、必ずしもそれが悪いとはいえません。詩を書く、ビンゴゲームをする、釣りやヨットに出かける、フットボール王座やアカデミー賞に賭ける、または単にミステリー本を楽しむ——いずれにしても、そうした時のあなたは、すでに曖昧《あいまい》さは楽しいものだと知っています。つまり、ギルダは正しかったのです。たとえ結果がどうなるかわからなくとも、瞬間瞬間に、最善を尽くしましょう。

曖昧《あいまい》さをより肯定的に見る必要がある理由とは

認知症の人を介護している皆さんと曖昧《あいまい》さについて話していると、美味なるという形容は強すぎてしっくりこないと言う人がいます。違和感を覚えるのはもっともです。結局のところ、ギルダでさえ、その言葉通りにできたとはいえません。書き記した数ヶ月後に、彼女はこの世を去りました。それでも、苦痛と恐れを伴いやすい体験の肯定的な側面を何とか自分の中に留めておくために、介護者の皆さんも、美味なる曖昧《あいまい》というようなキャッチーな言葉が必要なのです。どんな形容詞を選ぶかより、この考え方そのもののほうが重要です。曖昧《あいまい》さの中には、希望の一かけらがあります。

ある日曜の朝、「今回は〈アルツハイマー病、記憶、存在〉というタイトルの番組を送ります」と伝える、ジャーナリストであり作家であるクリスタ・ティペット[*2]の声がラジオから流れてきました。私が腰を据えてラジオに耳を傾けていると、ニューヨークを拠点とする心理学者であり、アルツハイマー病記憶プロジェクトの創始者であるアラン・ディーンスターク[*3]が、認知症患者と共に行なっている、記憶を記録する活動について話しました。患者のアンという女性についての話を紹介します。

アンはほとんど仮面のように無表情になりかけているような人の一人でした。私はアンの心に触れるのが次第に難しくなっていきました。(中略)そういう時期だったのですが、私に休暇を取る時期が来ました。アンは海辺が大好きで、私も同じでしたから、以前はこれが共通の話題になっていました。そこで、別れ際に彼女にこう言ったのです。「海辺に出かけるんです。しばらくお会いできません」。彼女は微笑んで、かすかに顔を輝かせたように感じました。私は尋ねてみました。「海辺のどんなところが好きなんですか」。いつものように彼女の心が遠退いていくようでした。そして、とても静かになったのです。今回も答えを待ちながら、この質問に答えるのは無理だろうなと考えました。すると彼女はこちらを振り向いて、こう言ったのです。「何かしら音楽が息づいていますもの」。「何てことだ。素晴らしい答えじゃないか」と私は思いました。[3]

独特で意味深いこうした回答を聞くと、認知症がすべてを壊してしまうわけではないと改めて思わされます。そこにはまだ素晴らしいものが残されていることが多いのです。霧の中から驚くような知恵が現れます。その時、通常の考え方に囚《とら》われることがなければ、アンの発した言葉をよく理解することができます。当然のことながら、私たちが思い出す美しい場所には何かしらの音楽が息づいています。

物事をより深く理解できれば、答えのない問いに不安を感じずに済みます。認知症による喪失と対になる曖昧《あいまい》さを受け入れやすくなるのです。介護者の苦痛と不安は現実のものですが、関係性が変化したあとに、良かったと感じる可能性もまた現実なのです。

曖昧《あいまい》さが差し出してくれるものは何でしょうか。全体的に見ると、人間の成長と強さにおいて、その可能性を開いてくれるということがあります。曖昧《あいまい》さはまた、以下のように私たちに働きかけます。

■望ましい結果が得られる保証がなくても、何らかの希望の余地を与えてくれる。

■変化と、未知の世界へ踏み出す新たな機会とを与えてくれる。
■自己満足に陥ることのないような、気合いを入れてくれる。
■感情面と精神面で成長できる。
■介護以外の実生活の面で、より臨機応変で自発的に物事に取り組む姿勢を促してくれる。
■病いの間も、亡くなったあとも、愛する人を存在させておくための創造性を発揮させてくれる。
■相手に別れを告げる時間、必要に応じて未解決の問題に何らかの答えを出す時間を与えてくれる。
■自分自身をより深く知る機会と、自分の真の強さを改めて知る機会を与えてくれる。
■扉《とびら》を開けたままで、終結させずにいられる。
■完全な終わりなどないと教えてくれる。

曖昧《あいまい》さはあなたの友になれるはずです。愛する人がほんの一瞬でも意識をはっきりとさせたなら、この上ない喜びに満ちたひと時となることでしょう。厳しい決断を迫られ、結果を保証するだけの情報が不足していても、曖昧《あいまい》さが、前進するための後ろ盾になってくれます。失うものは何もないのですから、新たなことに挑戦して良いのです。

オーソドックスとは言えないこうした考えは、危うすぎるという非難を浴びるかもしれません。しかし、認知症の人を愛するには、どうしても必要になることです。推理小説がすべてそうあるように、認知症という物語でも答えは隠されたままです。このサスペンスが次の展開を知りたいという興味を掻《か》き立ててくれ、興奮をもたらしてくれるのです。以上が曖昧さの良い面です。けれど、当然のことながら例外があります。

曖昧《あいまい》さが今もこれからも美味ではない時

時には状況が良いとはいえなくて、あなたの介護する人が不機嫌だったり、聞き分けがなかったりします。いろいろと工夫してみても、相手には微笑みが消え、不満だらけです。暴力を振るうことさえあるかもしれません。この場合、曖昧《あいまい》さが美味になることは決してありません。そのような目に遭っているなら、あなたの努力ではどうしようもないという不条理な事実を理解してください。意を決して、安全な場所――美味にさえなり得る場所――を作り出すかどうかは、あなた次第です。そこはあなたが全力を尽くし、それ以上はできないと、あなたが（もしかすると他の人たちでさえも）理解している場所です。

愛する人が暴力的な言葉や仕打ちで向かってくるなら、曖昧《あいまい》さに肯定的な面を見出すのが叶わない場合もあります。介護を止めざるを得ない時は、代わって世話をしてくれる人を見つけることによって、自分は最大限の努力をしたのだと自覚するだけで、自分を落ち着かせることもあるでしょう。第3章のヘレンを見習ってみてください。ヘレンはつらい情報を心の片隅にしまい、事実と向き合うのはあとにしました。けれども、暴力的な言葉が相手の場合は、再びそれを取り出してはなりません。そのまま放っておくか、象徴的な方法を使って捨て去ってしまいましょう。彼女は最終的に医師の言うことに耳を傾けましたが、あなたは暴力的な言葉に耳を貸す必要はないのです。受け入れないでください。ひどい言葉は病気の症状としての言葉だと考えるのが役に立ちますし、痛みを伴う場所に留まる時間が最短になるよう気を付けるようにしましょう。

希望の兆《きざ》し

一部の介護者にとって、曖昧《あいまい》さは美味ではあり得ませんが、多くの介護者にとっては、わずかながら素晴らしいひと時がもたらされるものです。そうした希望の兆《きざ》しを見つけるのに役立つことは何でしょうか。

復元力《レジリエンス》を見出す

復元力《レジリエンス》は本書全体の骨子となっています。認知症との困難な道のりを通して、あなたが身に付けるものとなるかもしれません。介護することによって、自分が強くなれるのです。

弾力性に富む復元力《レジリエンス》を理解するには、嵐に揺れる吊り橋や、風にたわんでは戻る木という喩えを考えてみるといいでしょう。とは言っても、復元力《レジリエンス》は、単なる柔軟性や元に返る弾力性以上のものです。大変な重荷と重圧を抱えることによって、自分をより強靱《きょうじん》にすることなのです。つらいことではありますが、逆境によって、より強い自分になることができるのです[4]。

昔、荷馬車作りの職人たちは、最も風雨に曝《さら》された木が最も頑丈であると知っていました。前に後ろに繰り返し曲げられる重圧のせいで、実のところ、木は強さを増したのです[5]。風雨による試練を受ける木のように、あなたもより強くなることができますが、そのためには、認知症を患う愛する人の悪い面だけではなく、良い面を理解する必要があります。

学術論文を読むと、復元力《レジリエンス》のテストでは、曖昧《あいまい》さに対する耐性について問う内容が常に含まれています[6]。けれども、臨床的には、私はもっと抽象的な質問によって復元力《レジリエンス》を試すほうを選びます。たとえば、次のような質問です。霧の中を歩いたことがありますか。冷静でしたか。次に何が起こるかわからない時、どんな気持ちでしたか。一寸先は闇という状況においても、まあまあ落ち着いていられますか。不条理を我慢できますか、それとも不条理に対していつも腹を立ててしまいますか。

不条理を笑う

曖昧《あいまい》な喪失によって生じる不条理を笑うことができるなら、そこに含まれる苦しみを取り除く助けになります。曖昧《あいまい》な喪失が恐れるべきものではなくなります。曖昧《あいまい》な喪失は、もはや自分を無力な存在に感じさせる原因ではなくなるのです。あなたには、過ちや不運を笑い飛ばす力があります。笑えば緊張がほぐれます。その瞬間、認知症と、そこからもたらされる打撃への抵抗をやめ、流れに乗る——笑いは、先の見えない介護にとって、なくてはならないものです。

ミネソタの州都セントポールの桂冠詩人キャロル・コノリー[*4]は、十五年にわたり人生の伴侶を介護する中で、その苦楽について綴《つづ》りました。彼は経験豊かな紳士でしたから、カリフォルニアに出かけると言い出すことがよくありました。キャロルは「行ってらっしゃい。楽しんできてね」と言えるようになりました。彼はそのようにしばしば「旅行」し、それが両者に笑みをもたらしたのです。彼女はその体験を、このような詩に変えました。「〈君よ。会えたのが夢のようだ〉と彼が言った。〈明日、出発するつもりだ。コートと帽子が必要になった〉[(7)]」。

作家のパトリシア・ハンプル[*5]は、回想録『花屋の娘』の中で、認知症が進行していく母が、架空の恋人を見つけたことを書いています。母親はパトリシアに、秘密があることを伝え、「ぴりぴりと神経を尖《とが》らせ」、娘が認めてくれないのではと心配していました。「〈今日、ドンと結婚したの〉と母が言う。……〈どんな人なの？〉と私が尋ねると、〈この船（原注　介護施設《ナーシングホーム》のこと）の持ち主よ〉……〈構わない？〉……〈いいんじゃない〉と私が答える。それから……思わず自分の口が動く。〈お金持ちなのね、ドンは〉[8]。

キャロルと同じく、パトリシアも不条理の中におかしみを見つけ、その流れに乗っています。愛する人がそうしたいならと、遊び心で空想の世界に付き合います。しかも、そうしたほうが、現実に固執するよりもストレスが少ないのです。パトリシアはこう続けます。「下のコーヒーショップで夕食を取りましょうと母に言う。そんな店はないが、今の母と同じく、架空の世界に入る習慣が身に付いてしまった。いくつかの小さなテーブルが置かれた施設のロビーが〈コーヒーショップ〉、歩道からの入り口が、その店の「テラス」という具合だ。母との間で無意識にこの架空の世界にいるので、ちょうど前にいた看護師にウェイトレスのように話しかけてしまい、怪訝《けげん》な顔で私を見るのに気づくことで初めて目が覚めるのだ[9]」。認知症において、真実とは相対的なものです。それでも時おり、私たちが忘れてしまうことがないようにと、かつての真実が思わぬところで顔を出すことがあるのです。

　認知症患者たちと座を共にしていた時、そのグループのリーダーが一同に尋ねました。「皆さんはなぜここにいるのでしょうか」。彼女は、先週とは別の部屋に集まっている理由は何でしょうと訊きたかったのです。けれども、続けて説明する前に、その場の一人が答えました。「なぜですって。みんなここにいたいからでしょ」。みんな大笑いです。正直にずばりと言い当てたので、全員の気分が軽やかになりました。ユーモア精神を発揮できるなら、あなたのストレスと苦痛が和らぐでしょう。愉快な映画や物語、思いつくままの楽しい言葉や動作、ジョークなど、笑ったり微笑んだりできることすべてが、あなたのためになります。

疑惑と事実との妥協点を見つける

曖昧《あいまい》さと事実へのこだわりが、芸術に姿を変え、その作品が私たちを楽しませると同時に、現実に対して別の視点を与えてくれることがよくあります。劇作家のウェンディ・ワッサースタイン*6は、末期癌《がん》に冒されながら、遺作となった『サード』*7を書き上げました。彼女はその作品の中で、絶対的な真実をつかんでいると考えるのは傲慢《ごうまん》であり、避けるべきことだと警告を発しています。介護者なら周知のことですが、実際の別れの場面では現実は単純ではないので、他の可能性に対して目も耳も注意を怠らないようにと、私たちに伝えてくれたのです。ワッサースタインは、一連に存在するものの両極端を超えた、「第三の」考え方を提唱しました。この第三の道は、「あれもこれも思考」になぞらえることができます。

彼女は主に政治の極左と極右を題材としましたが、妥協と曖昧《あいまい》さという中道を尊重する第三の道は、末期の病いのように解決が見えない問題を抱えていても、より良く生きるための手助けにもなります[10]。私たちもまた、曖昧《あいまい》さの価値について知りたいに違いないのです。そうでなければ、この問題を軸に展開する演劇や映画が、これほどヒットするはずがありません。たとえば、同名の演劇を映画化した『ダウト』*8について考えてみます。演劇の『ダウト』は、ニューヨークの指導者や著名人が詰めかけるブロードウェイの劇場で公開されました。私の後ろは、あるテレビのキー局の社長、前にはアカデミー賞受賞者という具合でした。各業界の大御所揃いです。となれば、彼らは疑いより確かさを、答えが出ないことよりそれを解いてしまうことを選ぶものと普通は考えるでしょう。舞台が終わり、拍手の嵐を受けて、その劇の作者のジョン・パトリック・シャンリー*9が観客に語りかけました。「たっぷりの不明瞭さを抱えて生きることを学ばなくてはなりません。最終決定などないのです。私たちの時代の喧噪の下に、そのことが無視されています[11]」。

不明瞭であり曖昧《あいまい》である状況と共に生きるには、自分の本質、自分が何者であるのかについて考える必要があります。理路整然とした理屈によって辿り着いた確信を曲げたくないような性質の人なら、より大きな困難を感じることになります。曖昧《あいまい》さについて読んだだけでは、それを受け入れる力を増すのに充分とはいえません。そこで私は別のやり方をお勧めします。映画を見、劇場や美術展に出かけ、即興の喜劇を楽しんでください。なぜだと思いますか。それは、何世紀にもわたって、創意溢《あふ》れる芸術家や作家は、疑惑と曖昧《あいまい》というものに宿る複雑さを受け入れてきたからです。それがお気に入りの主題なのです。今日の芸術家たちも、作品の中で曖昧《あいまい》さに光を当てています。彼らは曖昧《あいまい》さがもたらす落胆に負けはしません。

スピリチュアルな世界観を広げていく

認知症と共に生きる人々にとって、病気の診断、予後、患者との関係性には曖昧《あいまい》なものがあります。状況を理解するには、スピリチュアルな世界観というものが、もっと必要です。宗教に結びつく場合も、そうでない場合もあるでしょう。重要なのは、世界がどう動いているかを捉える時に、あらゆる疑問と問題に対して、答えがないこともあるのだと了解することです。

スピリチュアルの意味をどう考えるかは人それぞれですが、私はより広い意味で、曖昧《あいまい》さに耐えられる、そして、落ち着いて受け入れられることだと説明します。[12]「わからない」にもかかわらず、何とかなるという自信あるいは信念を持っていられるのです。

私が治療に当たってきた何千という家族を通して学んできたのは、力の元は何であれ、曖昧《あいまい》さに耐える力がより強ければ、ストレスと不安も和らぐということです。未知のものへの信頼が、神と結びついている人もいれば、自然と身についている人もいるでしょう。いずれにしても、万事に確かさを求める必要はないという理解、そして意味づけのことです。そう思うことができれば、人の心はより穏やかになります。

スピリチュアルな世界観をより広げるには、解決策がないことを心に留《とど》めておく必要があります。答えがない状況をいつでも受け入れ、曖昧《あいまい》さに対して心を乱さないようにしましょう。愛する人が認知症の時、この考え方が大きな助けになります。興味深いことに、マネジメント分野でも、複雑な状況に対処する手段としてこの考え方が用いられています。[13] 認知症を患う愛する人を介護する者は誰でも、複雑な状況と曖昧《あいまい》さとに日々対応しています。介護者はマネジメントについても役立つ、何らかの助言ができるに違いありません。

答えのなさを受け入れる力を発揮する[*10]

曖昧《あいまい》さの良い面を見るため、同時にこれまでの考察を裏付けるために、答えのなさを受け入れる力という言葉について考察してみましょう。[14] これは、十九世紀の詩人、ジョン・キーツ[*11]が考え出したものであり、その考え方は、曖昧《あいまい》な喪失と共に生きるあなたの役に立ちます。

ジョン・キーツは謎を愛し、兄弟たちへの手紙には、曖昧《あいまい》さについて最大級といえるほどの賞賛が綴《つづ》られていました。キーツは曖昧《あいまい》さを受け入れる力を重んじ、「答えのなさを受け入れる力」と名付けていました。そして、人は「事実や理由を追い求めていらいらすることなしに、不透明さや謎や疑惑を抱えていることができる」[15] と信じました。愛する人が認知症であるなら、この答えのなさを受け入れる力を身に付けておく必要があるでしょう。

キーツは、誰もが不確実性を受け入れる能力があると——すべての問いに答えがあるのではなく、すべての問題が解決できるわけではないと——加えて、不確実性に身を置いてこそ、自分という存在と、自分が何者であるのかを、より深く理解することができると考えました。私も同じ考えです。現代においてさえ、というより現代だからこそ特に、最初は悲惨なものに思えた曖昧《あいまい》さの中に、何かしら良い点を見出す能力を人は備えているのです。

答えのなさを受け入れる力は、人生が与える謎を受け入れる能力を私たちに授けてくれます。認知症はその謎の一つに過ぎません。答えのなさを受け入れる力のおかげで、状況を改善することができなくても、罪の意識を感じることなく、物事を流れに任せられます。

認知症への恐れに向き合う

曖昧《あいまい》さの良い面を理解するためには、まず、その最も暗い面を見つめる必要があります。それは、いわゆる死の不安[16]に加え、アメリカ文化に広がる、死の否認です。ところが、私たちが死に脅かされる前に、おそらく「認知症の不安」を体験します。記憶をすっかり失うのではないかという恐怖を感じるのです。忘れてしまうかもしれないと思うと、私たちは恐ろしさに襲われます。恐れているもの――忘却――に直面することへの不安が強すぎて、無意識のうちに認知症患者と介護者に距離を置くこともあるでしょう。

科学者たちは治療と予防の可能性について進展を見せていますが、現時点で認知症への恐怖を拭うに至りません。それでも、私たちは恐怖で凍りつくべきではありません。認知症介護の全体像を把握するため、良い面と悪い面の双方を見ていきましょう。

認知症にそこまで恐怖を覚えるのはなぜでしょうか。おそらく、最も避けたいもの、つまり死と消え去っていくことに対する自分自身の不安に直面しなくてはならないからです。ただし、このきわめて個人的な探求に心を奪われてはなりません。スタンフォード大学医学部精神科名誉教授のアーヴィン・ヤーロム[*12]は、著書『太陽を見つめて――死の恐怖を乗り越える』にこう書いています。「(死を意識して生きるのは)太陽を直接見つめるのに似ている。耐えるにも限界がある」[17]。

愛する人、または自分自身が消えていくことを考える時、私たちはある程度のところまでしか耐えられないのですが、どうしても考えないわけにはいきません。折にふれ、少し時間を取って、死と消失への不安を自覚しなくてはならないのです。一度この点をより注意深く意識すれば、恐れに対処しやすくなり、専門家の助けも求めやすくなるでしょう。

私が心理療法を通じて、そして、家族の一員としての体験からもわかってきたのは、不安を否認するより、しっかりと向き合うほうが、結局のところ精神を安定させてくれることです。恐れを隠さないでください。誰かとそれについて話し合いましょう。「大きな不安に効く解毒剤は、絆そのもの」なのですから[18]。不安を静めるために、相談に乗ってくれる人と過ごす時間を作りましょう。介護者仲間であれ、兄弟姉妹、友人、隣人、心理療法家、カウンセラー、また身近な聖職者の人であれ、話を聞いてもらってください。理解できないものに人は怯《おび》えるものですが、他の人との交流が意味と希望を見出すための最良の道です。

もっと実存的に生きてみてください[19]。それは、苦悩も人間という存在の一部であり、そうした体験は人それぞれであると受け止めることです。存在というものは、無意識の欲求から生じるのではなく、あなたの体験――それは決して単純とはいえませんけれども――に対して、あなたが与える意味によって可能になるものです。この種の現実を科学者は測定できないかもしれませんが、あなたにとっては現実です。より実存的に生きるとは、過去や未来ではなく、現在をより濃密に生きることなのです。過去もその思い出も、愛する人が認知症になったことで拭い去られ、あなたにはただ現実がすべてかもしれません。しかも、未来のことはわかりません。認知症の人との実存とは、理性で割り切れる体験ではないのです。

恐れと不条理をものともせずに、介護の役割の枠を超えて、あなたの人生に意味を与えてみましょう。絶望も落胆も受け入れたうえで、思い切って変化しましょう。あるがままに日々を生きるのです。自分の恐れと喜びをもっと意識して、自分が何者かを理解してください。曖昧《あいまい》さとそこから受けるストレスにどう対処できそうかに目を向けてください。曖昧《あいまい》さから逃げるのはやめましょう。認知症を、そして死を、正面から見つめましょう。いったん自分の恐れの源を理解すれば、対応がより楽になります。

認知症がもたらす喪失に、恐怖を覚えることがあるでしょうし、完全に納得することなどないかもしれません。それでも、犯人は、その曖昧《あいまい》さであって、あなたの動揺や疑念の感覚は、あなたの弱さや不首尾を示すものではないと気づけば、対処ができます。このことを覚えていれば、完全な解決策を探す必要はないのだと自分を許せます。決着を付けようとせずに、ただ最善を尽くせばよいのだと考えることができます。友人の一人がこう言いました。「解決策を見つけなくてもよいのだと思えたら、母と過ごす時間を楽しめるようになったの。あるがままの、今の姿の母との時間をね。解放された気がする」。矛盾を受け入れると、希望が見えてきます。

認知症の人を愛する時、あなたの実存の土台は、合理的な思考ではなく、その人と関わるその時その時に、驚きと喜びを見出すことができるようになることなのです。心地よい瞬間――美味なる瞬間といっても差し支えないでしょう――を感じる時、あなたはもう恐怖に囚《とら》われてはいません。

【振り返り、考えるためのヒント】

曖昧《あいまい》さはストレスを呼ぶが、前向きな気持ちの源泉にもなる。次の考え方について、理想的には他の人々と話し合って検討してみよう。

◉復元力《レジリエンス》を持ち、粘り強くなろう。認知症とそれが原因の曖昧《あいまい》さに、悪いことだけではなく、何かしら良いことが含まれるとしたら、介護の重圧に耐えるために、以前にも増して柔軟性を手に入れていることを見付けだそうと心に決めよう。

◉良いことが含まれるとしたら、介護の重圧に耐えるために、以前にも増して柔軟性を手に入れていることだ。対処法の幅と多様性が広がっていく。

◉曖昧《あいまい》な喪失に良い面を感じ取るのに必要なのは、想像力と好奇心と創造性である。

◉介護の重圧に耐えることによって、あなたは現実に強くなれる。

◉認知症に伴う曖昧《あいまい》さには、恐ろしさがあると共におかしみがある。つらい状況の中にユーモアを見出せれば、それが役に立つ。

◉あなたが直面する状況はまったくあなたに固有のものであり、かつて同じ経験をした人などいない。気を楽にして、流れに乗って行動しよう。頭に浮かんだことを、今するのにふさわしいことと見なして、ただ行動に移そう。

◉自発的になろう。小回りが利くしなやかさを持とう。今日立てた計画がうまくいかなくても、成り行きに任せよう。

◉謎を受け入れよう。自分が置かれた状況に興味を持とう。誰も確かなことは言えないので、観察眼を鋭く、好奇心を持ち、分析的になろう。すべてのことはこれまでに読んだ推理小説の通りだ。

◉スピリチュアルに目覚めよう。宗教的なものに限らない。曖昧《あいまい》な状況を受け入れる能力が前より高いことに気づこう。未知なるものへの信頼を育《はぐく》もう。

◉文学、喜劇、映画、舞台、音楽といった様々な形の芸術《アート》を通じて、曖昧《あいまい》さの美味と不条理について学ぶことができる。

◉愛情のこもった繋がりは、苦しみであり喜びである。あなたの介護がハイレベルであればあるほど、別れを告げるのがつらくなる。

◉認知症への恐れを克服することはできないかもしれないが、いったん恐れの元を理解すれば、対処がより楽になる。

第9章

ほどほどに良い関係

（峻別ではなく容認が、現代的とされる傾向は）基準を下げた「良い」は元の「良い」と同じとは言えないけれども、それなりの権利を持ち、ある新しい価値を有するかのように守られなくてはならないと訴え掛けているのでしょうか。おそらく、そういうことです。

（フロリダ・スコット＝マクスウェル『わが日々の尺度』一九七九年）

人間関係において、完全に存在する、あるいは、完全に不在であるということは、きわめて稀《まれ》です。家族が家の外で働いていたり、家から遠ざかっていたりするこの流動社会で、人が心も体も百パーセント存在する状態になるのは難しいのです。ところが、あなたの愛する人が認知症である時、その人の存在と不在との間の不一致は、あなたが流れに乗れるのであれば、その幅を狭められます。

認知症に治療法や予防策が確立するまで、変化に向かうための唯一の窓は、あなた自身の考え方の中にあります。良い関係の捉え方に、新しい基準を設ける必要があります。以前より低い段階を「良い」と見なすのです。完璧さの基準を緩め、「ほどほどに良い」関係もまたありと思えるようになることです。

完璧ではない関係という考えを受け入れることは、諦めとは違います。このような受け入れは、認知症によって危うくされた関係性の現実を認めようとする、一種の積極的な意思決定です。ようやくあるがままに、物事を認識できるようになったのです[1]。そうして、あなたの主軸はセルフコントロールへと移り、それがあれば、自由意思という品格を保つことができます。諦めではありません。強くあり続け、責任をもってやっているということです。完璧ではない関係にも価値を見出すかどうかは、あなたの選択だったのです。

このように転換するためには、曖昧《あいまい》さと格闘するのを止め、まだあなたに残っているものに目を向けましょう。会話が一方通行のものであっても愛する人に触れて話しかけることができるのなら、また、ほほえみ返してもらえなくても彼女にほほえみかけることができるのなら、ほどほどに良いと言えるでしょう。こうしたやりとりに、あなたにとっての新しい形の希望があります。これは、あなた自身が選んだものであり、良くなる見込みがないと言ってよいものを修復するために、労力を費やす必要はもうありません。認知症や、存在が脅かされるあらゆる状況において、愛と思いやりの不完全性を包み込み受け入れることができた時に、新たな希望が見出せるのです。目の前の関係が完璧ではなくとも、今あるものを「まあ良し」として受け入れる道を選べます。あなたが自分で判断できるのです。あなたの関係性はパーフェクトではないかもしれません。でも「ほどほどに良い」と言えるものを受け入れるという選択もあるのです。この部分はあなたのコントロールの内にあります。

心理療法家として、このような関係性の転換を目の当たりにして、私は何度も畏敬の念に打たれました。あなたにも実現できることですが、それは自動的と思えるものではありません。いったん意識して関係性の見方を変え、誤用がないことを前提に、あるがままを受け入れるなら、これまでに体験したことのない安らぎと力を感じることでしょう。

答えがない問いを受け入れ、終結を求める気持ちを抑えることを学ぶ過程で、ストレスと不安が弱まるのに気付くことでしょう。すると、あなたの介護を頼みの綱としている人との関係と積極的に向き合って耐えるための復元力《レジリエンス》が磨かれていきます。

認知症をある種の教師のようなものに見立てられるなら、あなたが変えるべきは、ものの見方だけに留まらず、あなたという存在の核心までもであるとわかるでしょう。逆境から学べることがあります。そして、変化を厭《いと》わなければ、より強くなることができるのです。

ほどほどに良い関係へと変わることを決意する前に、自立欲のようなものをある程度手放さなくてはなりません。それは、私たちが身を置くアメリカ文化において、簡単に口にできることではありませんが、自分自身だけでなく、介護する愛する人を保っていくために、努力して実践した人は多いです。中高年になるにつれて、配偶者や子どもや友人に頼る局面がますます増えます。そうしていくうちに、自立と独立という理想は崩れ始めます。

自立という神話

高齢者を除き、私たちの社会において、個人の自立に対する目標はきわめて高いところに設定されています。自立が当然であり、時には人を危険に曝《さら》すまでに重視されています。人々は年を重ねても、あくまで「自立」にこだわり、費用が嵩《かさ》もうともそれを保とうとします。政治家たちまでも、家族のことはできる限り家族内で面倒をみてほしいのです。その時、介護者のことはほとんど顧みられることなく、時には見落とされ、自分自身の健康と自立を犠牲にさせて、患者を施設に入れないように頑張らせ続けるのです。

私たちのほとんどは、最終的に介護する側か介護される側になります。このいずれかの立場になる時、自立は単なる神話に過ぎなくなります。自立を非常に大事にする私たちですが、同時に、相互依存も大事にするべきです。相互に依存する関係が必ずしも不健全とは限りません。むしろ、事実は全く逆だと言えるでしょう。家族同士、夫婦同士が高齢化社会を生き延びるために、相互依存の関係が鍵となります。

第4章で紹介した、家族療法の草分け的存在であり、独自の視点で物事を捉えたカール・ウィテカーと話した時のことを思い出します。結婚生活と家族生活において、何が正常かについて、私たちは話し合いました。ウィスコンシン大学マディソン校で博士課程のトレーニングを積んでいた私は、一時期、ウィテカーと連携して治療を行なっていました。彼のオフィスに入ると、私はいつも、カウチの前に置かれた変わったコーヒー・テーブルが気になりました。陰陽を表現した形のテーブルで、半分に分かれる部分のそれぞれが男と女を表し、片方だけでもきちんと立つはずです（これについては、双方とも脚が三本付いていた）。また、合わせれば、一つの完全な円になります。どうも手作りのようで、上手とは言えないものでした。最も不思議で仕方なかったのは、陰と陽に分かれた部分が、留め金を隠そうともせずに、きつく固定されていることでした。古代から伝わる象徴の意味がこれでは台無しだと感じました。

ある日のこと、治療に訪れる夫婦を待つ間、ウィテカー博士にテーブルについて尋ねてみました。

「どうして陰と陽の部分をボルトで固定してしまっているのですか」

博士は、いつもの簡潔さでこう答えました。「年を経た夫婦は、融合して正解なのだよ」。

当時、私は四十歳になったところで、苦労して手に入れた夫婦間の独立を心底正しいと思っていました。大学院の博士課程で、各人の個別性と独立性を維持することの重要性と、婚姻によりそれらが混乱することの危険性について研究していました。結合や融合を良しとする博士の言葉が何を意味しているのか理解ができませんでした。[2] 時折、この問題を思い起こしたのですが、わかってきたのは、博士と妻のミュリエルは、確かに一つなのだということでした。晩年の彼と研究を共にした者すべてが、夫妻が互いにどれほど親密だったかを知りました。最後には、妻が一緒にいないと心理療法を行なわないようになってしまったくらいでした。

私も今や七十代。陰と陽の半分をボルトで固くくっつけてテーブルを作ったカールと同じ年となり、彼の言葉の意味がわかるようになりました。夫と私は、たびたびお互いの助けが必要になります。私がぎっくり腰になれば、夫に頼りますし、夫の関節リウマチが悪化すれば、私に頼ります。それでも、私たちはずっと、きわめて自立した個人として相手を見ています。私たちの自立を支えているのは、相互依存である——このパラドックスに、二人して笑ってしまいます。

年を重ねるほどに人は自立が難しくなるものです。必然的に、相互依存の状態が通常のこととなります。

夫婦の一方がもう片方に頼り、親が大人になった子どもに頼ります。車の運転、請求書の支払い、薬の管理に始まり、しだいにより多くの手助けが必要になります。着衣、飲食、排泄、ベッドから椅子へ、その逆への移動など、今日も明日も、今年も来年も、繰り返されます。世話する人が、世話される人の側に寄り添って、ニーズに応えたいという気持ちがあるかどうかが、生き延びるための鍵です。ここで、介護する側についてのルールがあります。それは、必ずしも同じ人が介護に当たらなくても良いということです。いつもいつもあなたが介護しなくて良いのです。そうでなければ燃え尽きてしまいます。代わりを務めてくれる人を見つけて一休みしてください。少しの間ゆっくりして、気分転換になることをしましょう。

なぜ人は介護するのか

自立に価値を置く社会において、自立とはほど遠い状態の誰かと、自分の運命を一緒にするなどということは、心理的な外傷体験にもなり得ます。無力感に囚《とら》われるはずです。ウィテカーのコーヒー・テーブルのように、世話が必要な人と固く結びつき、以前のような自由はありません。このような状態を、心理学でいうところの融合とは言いません。むしろ、愛する人が一人で生き延びていくのが困難な場合に起こるにちがいない、関係性の適応ということになります。手助けしたり、代わりになったりする人がいなければ、あなたはどうしようもなくなる状態です。あなたなしではその関係性が成立しません。面倒で、ほどほどに良いとさえ言えない時もあります。それならば、なぜ人々は介護し続けるのでしょうか。

その理由は様々です。介護者の一人である、詩人のキャロル・コノリーは、彼女の抱える関係性に、まだ充分良いところがあると話してくれました。

愛する夫が認知症になった十五年間のかなりの部分が、私にとって良かったと思えるものでした。同時に、私の存在が、いつも夫に良いものであると感じていました。認知症になる前と後、どちらの状態の夫も、とても懐かしいです。両方に、充分に良いものがありました。

介護をしている別の女性は、正しいことをしたいと次のように語りました。

私は人生の一部を曇《くも》った場所で暮らしていると感じます。でも、今は夫が亡くなるのを待ってはいません。私は曖昧《あいまい》さの中で迷子になっていました。本当にそう感じます。そして、自分を取り戻しました。正しいことをしたいと思っていましたが、それが何かがわかるまでに少し時間が必要でした。

介護を続ける理由がわからないと言う人もいます。

自分でも、なぜ毎日、テープを流したり、見聞きしたことを細々と説明したり、夫の手を握ったり、愛していると言ったりしながら夫のそばに座っているのだろうと考えます。それでも、夫と一緒にいれば満足なのです。夫は笑うことも、私の名を口にすることもないのが、とてもつらいのですが……。

私たちにわかるのは、介護者の人生の道は、精神的に苦痛であり、肉体的に重労働であり、しかも長いということです。多くの人が、愛と使命感を礎にして介護を行なっている一方で、自ら介護しなければ経費が嵩《かさ》み過ぎるから、また社会的要請があるからという理由で、介護を続けているという人もいます。様々な理由から、認知症患者を在宅で介護するようにという家族への圧力が非常に大きいのです。その結果、何百万という人々が介護という役割を引き受けています。

世話《ケアリング》することの倫理について書いた、スタンフォード大学のネル・ノディングズ教授[*1]は、世話《ケア》という行為は、動機づけに関する心理学の理論に合致しないと言っています。[3] 自己保存や利益という動機づけでは理解が及ばないものだからです。自分にとって最善の利益をもたらさない時でも、人は世話《ケア》する道を選びます。

いったい、なぜ人は自分の資金や健康が危うい時でさえ、世話や介護を続けるのでしょうか。典型的な答えは、次のようなものです。「『病める時も健やかなる時も、死が二人を分かつまで』と誓いましたから、それを守っていきたいのです」「『汝の父母を敬え』という教えを信じていますから、父母を世話します」。他にも、単に当然すべきことだと思うから介護をすると言う人々もいます。

それでも、人を介護に向かわせるものが何なのかについて、謎は残されたままと言えます。最も理解しやすい動機は、愛情からだとするものでしょうが、測定が難しいので、科学者には受け入れにくい考え方です。けれども、私のオフィスやワークショップ、介護施設《ナーシングホーム》で、しばしばそうした愛情を目にします。また、ショッピングモールでさえ、もう自分では進む方向を見分けられない認知症の妻を、高齢の夫が立ち止まって手助けするのを見かける時に、それを感じます。愛情と共感から生まれたものは、たとえそこに義務感が混ざっていたとしても、介護の名に値します。そしてそれは、高齢化社会に生きる私たちの、最も尊い富の一つなのです。

否定的側面――「ほどほどに良い」が通じない場合

あなたの介護を今まさに必要とする人から、あなたがこれまで虐待を受けてきたとしたら、ほどほどに良い関係を目指すことが叶わなくても当然でしょう。身体的あるいは性的虐待、育児放棄などがあった場合、あなたは加害者と完全に縁を切りたいと願うかもしれません。

長い間あなたを虐待し、ネグレクトしてきた人への介護をあなたに求めることは、限度を超えています。身体的または心理的に虐待を加えてきた、または今加えている家族の誰かを介護するのは危険です。仕返しをしたいかのような気持ちがあなたに起こるのも、危険です。このような状態であれば、介護をしない選択をする充分な理由になります。

自分の選択について、誰かに相談してください。実際の介護の仕事は、他の人でもできます。患者に資金があるなら、専門の人々に介護してもらう計画を立てましょう。資金的に問題があるなら、地域のソーシャルワーカーに相談して、代わりの方法を見つけてください。

状況はそれぞれ異なるでしょうが、ほとんどの場合、ある種の継続した介護マネジメントを勧めています。多くはソーシャルワーカーを通じて可能であり、介護チームや介護施設《ナーシングホーム》の専門職の人々が、あなたの家族に必要なことを確実に施してくれるというものです。これまでのことを考えれば、この方法があなたにできる最善の策と言えるでしょう。相手への気遣いを最小限に抑えると、反って、愛憎入り混じる複雑な感情や怒りや罪悪感が和らぎます。そして、全体的に見れば、あなたを精神的に成長させてくれます。ネル・ノディングズの言葉を借りましょう。「私はこの人に『思いやり《ケア》』を示していません。彼を憎んでいるかもしれないですが、必要としてはいません。彼のために何かをするとしたら、（中略）自分自身の倫理的自己のためになるからです」[4]。

時には、良好な関係にある者同士が、患者と介護者にうまく変われないことがあります。そのような夫婦の話を、ある同業者の人から聞きました。「とても強い性格の、自立した者同士の結婚でした。二人は世話《ケア》をしたりされたりする形を取ることができませんでした。妻は自立心が強過ぎて、世話《ケア》してもらうのを嫌いました。夫は我慢強さに欠け、説いて聞かせることができませんでした」。彼らは「ほどほどに良い」とは、いかなかったのです。

辛抱できないのなら、あなたは介護向きではありません。また、愛する人が手に負えないほど攻撃的であったり、こちらを傷つけたりしてくるなら、代わりの方法を見つけるべきです。罪悪感から正しいことができない人がよくいるのですが、ここにはパラドックスがあります。つまり、あなたが正しいと思っているものが間違いかもしれないのです。あなたの愛する人にとって（あなたにとっても）正しいことは、施設における、または専門職の人による介護の道を見つけることであったりします。直接自分で世話をするのでなくても、その場を訪ねたり、少なくとも、（前述したように）その状態に注意を払うことはできるでしょう。人道的であることを目指すべきですが、同時に、自分がそれ以上傷つかないことも大切な目標です。

■■

ここで再び、第5章で引用した、神学者カレン・アームストロングの、身が引き締まるような言葉に耳を傾けることが重要です。「他の人の世話《ケア》をするというのは、自分を捧げなくてはならないことだ」というのは、エゴについて言っているのであって、介護という役割についてではありません[5]。介護をしているからという理由だけで、自分自身を差し出さないでください。ほどほどを目指すことも必要です。

避けなくてはならないのは、決して再び相互的なものにはならない関係の中で孤立することです。自分自身のある程度の部分は、守られ、育《はぐく》まれなければなりません。一緒に閉じこもってしまうことはお勧めできません。そうではなく、あなた方の関係性を、半分であるそれぞれが、一つにまとまっているもののように考えてみてください。片方がもう片方を支えています。けれども、時には他の人々も、あなたと交代してあなたを休ませるために、なかに入ってくるのです。

成人した子どもが、介護しているあなたを手伝おうとせず、悪くすると、離れたところから批判だけしてくるのなら、家族療法家の同席の下で、家族会議を開けるよう主張してください[6]。成人した子、特に配偶者の連れ子との家庭内での対立は、深刻になる場合があります。あなたが一層孤立させられるかもしれません[7]。こうした理由のため、そして、均衡の崩れた関係では、介護の機能に行き過ぎが求められてしまうため、心の家族の存在が重要になります。

「与える」「受ける」という両方の関係が自分たちよりバランスがとれている二人がいると、ほどほどに良い関係を受け入れやすくなります。人々と繋《つな》がりを持ちましょう。あなたが失いかけ、または失ってしまった支援を埋め合わせてくれる人を見つけましょう。あなたも、頼って良い誰かが必要です。人は誰でもそうです。心の家族と共に、意識して人々をあなたの生活の中へと迎え入れ、心の安定を取り戻しましょう。

完璧を目指さないでください。ただできることをすればいいのです。充分とはほど遠いようにあなたが感じたとしても、ほとんどの介護者もそう感じているのです。完璧ではない状態でも、心の平安を守ってください。あなた方の関係性は完璧には届かないかもしれません。それでも、ほどほどに良いものを受け入れる力が、あなたにはあるのです。その部分で、あなたは自己コントロールを保てているのです。

【振り返り、考えるためのヒント】

◉不在も存在も、人間関係において絶対的なものではない。ほとんどの人は、完璧ではない関係に身を置き、曖昧《あいまい》さと共に生きる方法をすでにいくらかはわかっている。

◉ほどほどに良い関係という考えを受け入れるかどうかは、あなたの選択である。

◉高齢者同士の家族や夫婦が自立してやっていくことは社会的理想ではあるが、通常は神話に過ぎないと言える。

◉必要性を考えると、高齢の夫婦や家族においては、相互依存が基本となる。

◉これまでに虐待やネグレクトを受けてきた場合、あなたが介護をする人になるかどうかは慎重に考えてほしい。他の選択肢があるだろう。

◉介護という役割を担う理由は人それぞれである。結局のところ、根底を支えるのは、科学的に数字にすることは困難だが、確実に存在している愛だと言える。

おわりに

治療や予防法が確立するまで、私たちは認知症のために、愛する人を失う苦しみを免れません。愛する人の心や記憶、意識、判断力、それに人となりまでもが失われていく、あるいは消えてしまった時、多くの人は曖昧《あいまい》な喪失を経験することになります。アルツハイマー病、または他の病気や状況によって認知症が現れると、相互に依存し合う可能性が高まります。一方が介護を必要とし、もう一方が介護を提供するということです。

目指すべきは、独立性を取り戻すことではなく、身体が存在しても心が不在である愛する人との、完璧とは言えない関係性の中で、復元力《レジリエンス》と健康を保つことです。本書を通じて、ストレスに対処する方法として、他の人々との絆を保つように勧めました。人間的な絆が、健康には不可欠です。ミネソタ大学内のいわゆる「土曜の朝」介護グループに属するある女性が、自分の考えを夫の言葉と共に語って、こう締め括《くく》りました。

「アルツハイマー病と向き合いながら、十七年以上、夫の介護を続けてきました。夫が施設で介護を受けるようになって三年になります。夫が入所してから気持ちを整理するのに一年かかりました。夫はもう長くありません。夫がよく言っていた言葉を胸に刻みつけています。〈前に進んでほしい。誰か別の相手を見つけるんだ。私ならそうするよ〉」。

本書を通して皆さんにお伝えしてきた考えを生かせば、不安な影に覆われている認知症の世界でも、ストレスに対処することができるようになります。確実で絶対的な答えを求める気持ちを手放しましょう。寄せては返す悲しみをあるがままに認め、そのことについて他の人たちと話し合ってみてください。嘆きたい時は嘆き、それを終わらせる必要はないことを理解してください。認知症による喪失の曖昧《あいまい》さを受け入れれば受け入れるほど、恐れる気持ちは小さくなっていくものです。

何より忘れないでほしいのは、自分自身を気遣うことです。いつ休みが必要かを心に留めておいてください。賢明な介護者ならこのことを強調します。「今はお母さんの世話ができないことがわかったの。でも、自分を治す作業ならできるわ」(1)。介護することで自分の健康を損なう必要はないのです。憂鬱《ゆううつ》や孤独に陥るのも避けたいものです。そうではなく、これまで経験することのなかった精神的な成長と力とに行き着く道がそこにはあるのです。

本書を書き始めた当時目指したのは、認知症がもたらす曖昧《あいまい》な喪失とともに歩む旅が困難であっても、そこに意味と希望を見出す手助けをすることでした。問題があれば解決ができてきた人にとって、ここで経験するストレスは特に大きいでしょう。自分を変え、ストレスを抑える最善の方法は、自分自身の考え方と状況に対する意味づけにあります。あなたが歩むのは心理的な旅なのです。

認知症を恐れる必要はありませんが、今日、数え切れないほどの家族が、それがもたらす絶望感と、複雑な感情とによるストレスを抱えていることを、すべての人が知るべきでしょう。そうした不安に対処するには、これまでの考え方を新しいものに変えてみることから始めましょう。不在と存在、悲しみと喜び、怒りと希望といった相反する二つの概念を、同時に心に受け入れることは不可能ではないのです。認知症とともに歩む時、それらはすべて現実です。いらだちや不安から離れ、混乱と戦うのを止めて、たとえ愛する人があなたが誰かわからなくなったとしても、曖昧《あいまい》さを受け入れ、介護を続けましょう。逆説的ですが、この喪失によって、あなたは自分が何者であるかをより明らかにできるのです。完璧とは言えない関係に身を置き続けるには気力と共感が欠かせません。そこから、あなたの人間性は深みを増します。その人間性こそが、あなたの新しい希望を生む泉なのです。

旅の続きに

読者の皆さんとともに歩んだ旅は終わろうとしています。けれど、認知症による曖昧《あいまい》な喪失との苦闘が日々続く限り、あなたの旅は続くでしょう。あなたが前進していくのにすぐに確認しやすいように、各章をまとめておきます。

☆第1章　あなたとあなたの愛する人にとって、認知症は、曖昧《あいまい》であったり不明瞭であったりする喪失体験となります。これは終結することが見通せないため、対処が最も難しい喪失の一つなのです。

☆第2章　あなたに落ち度はないとはいえ、認知症が複雑性悲嘆を招きます。性格の弱さが元で、この問題が起きるのではないにしても、悲しみなのか鬱《うつ》なのかを見分けるのに専門家の助けが必要かもしれません。愛する人が亡くなった訳ではなくても喪失を嘆くことは異常ではありません。

☆第3章　認知症の人の介護はストレスが多いものです。復元力《レジリエンス》を保ちたいなら、「あれもこれも」思考をとり、ストレスへの対処法を学ぶ必要があるでしょう。復元力《レジリエンス》とは、単に元に戻るのではなく、それ以上のことを意味します。逆境を乗り越えることで、より強い自分になることができるのです。

☆第4章　心身が健康なら悲しみを終結させられるというのは神話にすぎません。私たちは愛してきた人々を忘れはしませんから、ほとんどの人は悲嘆を抱えて生きる術《すべ》を学ぶというのが現実です。

☆第5章　アメリカ合衆国という世界で最も個人主義的な文化に身を置いて生きる私たちですが、幸福の源はやはり人との絆です(1)。心の家族が必要な場合もあります。他の人々との結び付きによって、健やかでいることができるのです。

☆第6章　家族の儀式、祝い事、集いは、通常の喪失や悲嘆の意味を知る支えとなります。認知症と共に歩むあなたにとって、喪失と悲嘆は現在も続いています。このような喪失に対しては、これまでとは違う儀式を考え出しましょう。

☆第7章　認知症と歩むための七つの指針について、他の人と話し合いましょう。順番は気にしないで、意味づけ、コントロール、アイデンティティ、両価的な感情、愛着、希望、それに自分自身への世話《ケア》についての考え方を吟味してみてください。

☆第8章　関係の曖昧《あいまい》さに良い面を見ることができれば、認知症の人を介護するに当たって、感情労働と肉体労働に耐える復元力《レジリエンス》が手に入ります。あるがままに日々を生き、やるだけのことをやり、笑える時は笑いましょう。良い面が見つからない場合もあります。その時は、別の方法を考えましょう。

☆第9章　認知症の人を愛する時、完璧を目指さないでください。新しい関係性の標準は、ほどほどに良い、でいいのです。認知症とともに歩む人生は理想的とは言えないかもしれませんが、それでもなかなかのものです。そのように認識を切り替えるかどうかはあなた次第です。

介護者の皆さんへ
——健康管理の専門家と協力する時

私がワークショップやグループの中で、また臨床の現場で、認知症の人の健康管理の専門家と介護者との関係について聞いたことを、ここで少し付け加えたいと思います。この関係は緊張したものになることがありますが、双方とも、同じ病人のために熱心に働いているということを忘れないでください。

私はすでに専門職の人に向けて、患者の家族と協力してほしいという内容の本を一冊書きました[1]。そこで、ここでは、この本を手にしているあなたとお話ししたいのです。

家族の介護者であるあなたは、認知症患者の健康管理チームの一員として、認められ、相応しい扱いを受ける必要があります。これを目指して、あなたと、一緒に仕事する健康管理の専門家とは、お互いをもっと認識し合ったほうが良いのです。相互の認識ができていれば、全く問題ないというわけではありませんが、苛立《いらだ》ちが抑えられるでしょう。結果的にそれが認知症の人の利益になるのです。

医療専門家

介護の人間関係では、健康を専門とする私たちの大多数が教わってきた正常な人間関係についてすべてに、疑問が投げかけられます（第9章のカール・ウィテカーのテーブルについて、読み直してみてください）。結果として、介護者は否定的に受け取られてしまうことがあります。関わり過ぎ、感情的過ぎ、心配し過ぎ、そして落ち込み過ぎと見なされるのです。不安を訴える母からの電話を受けて、就寝時刻後に訪ねた時、看護師の女性が「お互いを食い物にしてる」と私に強い口調で言いました。平手で顔を叩かれた感じがしました。ミネソタ州セントポールからウィスコンシン州南部まで、六時間車を飛ばして辿り着いた時には、通常の面会時間を過ぎていたのです。母は不安に駆られて私に電話をしてきたのですから、着くなり母の下へ行き、安心させて、お休みの挨拶をしました。

私も含めほとんどの専門職の人は、纏綿《てんめん》と呼ばれる絡まり合いの状態を、病的なものと判断するように教えられており、その夜の私たちのやりとり――娘が母親の電話に応じること――を、看護師はまさにそのように捉えたのだと思います。彼女がそうした訓練を受けてきたのは間違いありませんが、今日では、ロバート＝ジェイ・グリーンやポール・ウェルナーのような心理学者が、その看護師のような専門職の人の見方は、介護者に不当な診断を下していると立証しています(2)。

あなたは介護者なのですから、反応が過度になるのも当然です。それが求められる仕事なのです。この反応性は、専門家の多くが否定的な見方をするよう訓練されていることが、使われる用語を見れば明らかです。特にそれを示すのが「共依存の」「纏綿《てんめん》とした」「自己意識の欠如した未分化の」のような言葉です。こうした用語は、他の人の世話をする人々にとって、非常に害になります。世話の対象が新生児であろうと、身体に障害のある人であろうと、末期患者や認知症患者であろうと同じです。介護者は、社会から求められている仕事をしているのに、病的だと見なされるべきではありません。

第6章で、医師である夫の介護をするデボラのことを書きました。彼女はある診療所で働く精神分析医だったですが、そこでもひどい経験をしました。この場合の問題は身の安全という点でした。彼女の話を聞いてください。

専門家は患者だけに注意を向けるのです。それで介護者の状態に異常がないかを考えずに診断を下します。なかには、介護者自身の具合について話しかける医師もいますが、ほとんどの医師は、介護者を余計な存在と見なします。介護者は患者ではないので、どうでも良いのです。こうした態度は、プロ意識と患者のプライバシーを重んじる所から生まれたのですが、患者に認知障害がありながら家で生活している場合は態度を変える必要があります。医師と看護師は、患者の家族をチームの一員と見るべきです。でも、今のところほとんどそうではありません。

別の介護者も大変な目に遭いましたが、最終的に援助の手が見つかりました。

専門職の人たちは、夫が現実に向き合うように、私を助けてはくれませんでした。医者は夫の精神状態と暴力を悪化させました。ある医者には、結婚生活カウンセリングがもっと必要なだけだと言われたんです！　私は訴えました。ようやくある医者が、私がいる前で夫にこう言ってくれました。「あなたは皮質下多発性硬化症で、これからどんどん悪くなりますよ」。私たちが直面していることをはっきりと伝えようとしてくれた医者は彼女だけでしたから、感謝しました。

たしかに、患者のプライバシーに関する厳しい規則のために、医師たちは、彼女と情報を共有する選択ができなかったのかもしれません。しかし、差し控えたのは、専門家としての訓練に基づいたからという以外の理由もあったでしょう。認知症患者の治療に当たる医師のうち、不安に苛まれたり取り乱したりしている介護者をなだめ、（論争を持ち出すことが多い）家族と話をする者は僅《わず》かです。それだけの時間的余裕がある医師は、さらに少ないのが現状です。

そこで介護者には、自分のための医師が必要になります。主治医、家庭医、また、相談相手になる訓練を受け、ある程度の時間を割り当てることが可能な医療提供者を見つけてください。あなた自身の支持者は、そうした医療専門家の中に見つかるのです。愛する人を診ている専門家のなかにではありません。家庭医療に携わっているある医師がこう話してくれました。

患者たちは、介護の問題をよく持ち出してきます。たとえば健康診断や気管支炎の治療に訪れた際にです。私はそれでも、話が出れば相談に乗ります。他の家族や友人に助けを求められると考えようとしない、また考えない数多くの介護者に、自分の家族に次のように話すよう促してきました。介護には手助けが必要なので、家族にその責任を果たすよう伝えるように私が言っていると。そしてこれ以上、一人で介護のすべてを背負うのは無理だと。これなら、介護者が自分が悪いように感じたり、手助けを求めたからと言って非難されたりせずに済みます。親を介護する人には、兄弟が手を差し伸べるのを待たずに、早速家族会議を招集して、仕事を分担するよう言ってきました。私と一緒に仕事をする医師のなかには、こうしたことを日常的にしている人たちもいます。もし患者の娘や息子に話をする承認が得られていないなら、得られるよう手助けもしてみます。少なくとも、介護者が情報を託せるように、名前が挙がっている人と話ができるよう努力します。概して二十年以上一緒にやってきた医者たちは、介護者の障害にならずに、いろいろとやってみよう、助けになろうとしています。

メンタルヘルス専門家

心理療法家もまた、介護者に注意する訓練を受けてはこなかったかもしれません。結婚や家族の関係におけるバランスという考え方は、一九八〇年代の終わりに非難を受けていました(3)。それでも、心理療法の訓練の多くでは、ある人に症状が現れたなら、そうさせた分だけの利益を、家族の他の誰かが得ているに違いないと考えるよう、勧められていました。結果として、働き過ぎが起こるような役割は（あなたの役割のように）、否定的な見方をされることもあるでしょう(4)。

患者のためにあなたが自分の独立を放棄するならば、また愛する人にはできない日常生活に必須の個人的な世話《ケア》をするために、個人の境界を越えなくてはならないのならば、「一日三十六時間」(5)の中で自分を見失うというのならば、さらに、親を介護しなくてはならないために世代の境界を逆転させるというならば、今日の心理療法家にかかっていたとしても自分のメンタルヘルスに関して疑念が持ち上がるかもしれません。それでも、これは現実です。認知症の人を介護するなら、以前は機能不全と見なされていたようなことが、今では普通なのです。

鬱《うつ》病

ほとんどの介護者にとって、悲しみは避けられないのですが、鬱《うつ》病は避けられるものです。介護者は鬱《うつ》であると決め付けるのではなく、「適応障害」または「対人関係の問題」という、より穏やかな診断を考える専門家もいます。(6) 認知症が人間関係を損なうのは事実ですが、これと、介護者の病気とは別のものです。あなたの医師や心理療法家に、こうしたことを相談してください。

鬱《うつ》病という診断を、すべての介護者が第7章で触れたメアリーのように否定的に受けとめるわけではありませんが、私が話を聞いた人の多くが、「あなたは病気です」というレッテルを貼られるのが不快だと言っていました。その時、介護者に感じたのは、罪と恥、それに力不足という意識でした。介護者が感じるべきものとは、正反対のものです。

あなたの環境（認知症の人を介護している）は、極めて心身が強い人々にも、何らかの病気の症状をもたらすかもしれないことを知っておいてください。自分のための医師や心理療法家に、今の生活の現実を話しましょう。家庭医や主治医、また診療のできる看護師（ナース・プラクティショナー）であれば、あなたの愛する人を診る専門家よりも、あなたの話に耳を傾けてくれることでしょう。自分の感情に素直になってください。死を嘆くかのような悲しみを感じたなら、あなた自身の医師に相談するのです。打ちのめされ、絶望的になり、気が沈み込んだなら、あなた自身の医師に訴えましょう。眠れないのなら、その医師に状況を伝えましょう。不眠症などではなく、愛する人に、夜何かの用事で起こされ、あるいは徘徊を案じて眠れないのかもしれません。それとも、何か良くないことが起きはしないかと、不安で眠れないのかもしれません。あなた自身の医療専門家は、状況を伝えなければ、様子がわかりづらいのです。

全体を考えれば、あなたを担当する専門職の人が知るべきは、あなたが今、曖昧《あいまい》で不安定な関係から抜け出せない状態にあるということです。この状況が働き過ぎを求めるのです。ウィテカーのテーブルのように、一方がもう一方を成り立たせています。抗鬱剤《こううつざい》が必ずしも正解ではありません。人との絆や理解してもらうことにも癒やしの力があります。専門家の力を借りる場合もあれば、普段の人間関係の中で支えてもらう場合もあるでしょう。

介護者であるあなたには、あなたの日々が複雑そのものであることをできるだけ理解してくれる人々が、専門家も含めて身近に必要です。理不尽さの中で、人間として正しいことをしていこうとするあなたの旅は長くて困難です。あなたはもっと知ってもらう価値がある存在です。あなたの口から語ってください。他の誰にもそれはできないのですから。

監訳者あとがき

本書は、ミネソタ大学の社会学の名誉教授であり、ハーバード・メディカルスクールの客員教授も歴任した家族療法と家族社会心理学の第一人者である、ポーリン・ボス博士の *Loving Someone Who Has Dementia : How to Find Hope While Coping with Stress and Grief* の訳書である。

本書を読んでいただいたらわかるように、博士は非常に臨床感覚に優れ、幾多の経験を積んだ家族問題、特に介護者の家族問題（私の留学中の経験で言わせてもらうと、この問題はアメリカでさえ、比較的新しい問題であり、それほど広く研究が行われていなかった）の臨床エキスパートであるが、理論家としても評価が高く、数多くの著書や論文を発表し、ミネソタ大学やハーバード・メディカルスクールのような全米屈指の名門大学で教鞭をとっている。

その業績でもっとも顕著なものが、本書でも紹介される「曖昧《あいまい》な喪失 ambiguous loss」である。これについては、博士は、*Ambiguous Loss: Learning to Live with Unresolved Grief*. Cambridge, MA: Harvard University Press（1999）という一冊の本にまとめておられるが、本書は、『「さよなら」のない別れ、別れのない「さよなら」』（南山浩二訳、学文社）というタイトルで邦訳も出されている。

ものごとに白黒をつけたがり、終わりやけじめをつけたがるアメリカ文化の中で、人々の曖昧《あいまい》さを許容するキャパシティは決して高いものとは言えない。

ところが、本書でも問題にされているように、認知症というのは、その人の記憶や知能が徐々に失われていく病気で、もとの自分とは違った記憶体系や、知能、そしてパーソナリティまで変化してしまうことは珍しくない。要するに、これまでのその人がいなくなったような状態になるのだが、亡くなったわけではないうえに、もとの知能も記憶も、パーソナリティも、相当重症になるまですっかりなくなるわけではない。

そういう点で、中途半端な喪失体験を、介護者が（おそらく本人も）抱えるわけだが、アメリカ文化の中ではそれを受け入れるのが難しいというわけである。

実際に、アメリカの精神分析の世界では、終結が極めて重要視され、それ以降は精神分析医に頼らず自立することが求められる。きちんとした終結と自立が心理療法の世界でも重要なゴールなのである。

しかし、曖昧な終結、曖昧な喪失が受け入れられないと、認知症でなくても、体や脳の機能が徐々に衰えていく高齢者やその周囲の人間には生きづらいことになる。

これだけでなく、本書で提示される考え方や価値観の変化というのは、高齢化社会では必須のものである。たとえば、アメリカというのは自立が重んじられる社会であるが、高齢になれば、相互依存が生き延びる鍵になる。

人に助けを求めたり依存したりするのは、恥ずかしいことではなく、望ましいことだ。

この考え方の転換は、実は、私がずっと学び続けている、現代アメリカ精神分析学の大家であるハインツ・コフートが提唱し、晩年になるほどその重要性を説いたものだ。自立が神話というのは本書でも論じられるが、コフートは、高齢者でなくても自立は神話だと説いた。酸素に頼らず生きていく人がいないように、心理的に人間に頼ることなく、人は生きられない。

マッチョであり、賢いほどよしとされるアメリカ社会では、あるいは勤勉が最大の美徳であるアメリカ社会では、高齢者、特に認知症患者は、スティグマにさらされやすい。高齢者は、charity（慈善）の対象であり、高齢をそのまま（能力が高ければ別だが）敬う文化もない。

アメリカでも進む高齢化の中で、発想の転換を求める姿勢は、やはり臨床に裏付けられた理論の賜物と言えるだろう。

本書で述べられるように、そういう点ではアジア型の文化のほうが適応的である。

儒教では、年長のものを敬うように説き、仏教は現実を素直に受け入れろと説くし、人間というのはしょせん自分がかわいいものだとも教える。

ただ、アジア型文化が必ずしも、高齢化社会に適しているかというと、そうとも言えないところがある。親を介護することに対する義務感が強く、親を施設に入れるということへの偏見はいまでも極めて強い。

日本人にも発想の転換が求められているのである。

ついでに言うと、九十年代からの不況を通じて、日本は、かなりドラスティックな価値観や考え方の変化を求められ、それを実行してきた。

相互依存的な家族的経営が否定され、市場原理、競争原理が重視され、出来の悪い人も仲間だという考えから、淘汰されるべきという考えに移行した。

リーダーシップや個の自立も強く求められている。

土居健郎先生が善しとした日本の「甘え」文化も（先生は、甘えより甘えられないことの病理を説いている）、今では断罪の対象になることが多い。

昨今の生活保護バッシングでも、福祉に頼る人間が想像以上に悪しざまに叩かれた。

ついでに言うと、日本人は、以前から曖昧さに寛容な文化と言われてきた。

ところが、今では、曖昧な答えは官僚答弁などと言われて批判されるし、テレビなどでも、ものをはっきり言う人に人気が集まる。

私自身、テレビのコメンテーターを経験して痛感したが、白黒をはっきりつけ、コメントは短く、が強く求められる。いろいろな可能性を考慮しようとすると、すぐにお払い箱になってしまう世界なのである。

日本人も本書で描かれるアメリカ人と同じ、高齢化社会に適さない、認知的、心理的な病理を抱えていると言えるだろう。

日本の場合は、アメリカより高齢化率が高く、高齢化社会（人口の七～一四パーセントが高齢者）をはるかに超え、超高齢社会（人口の二一パーセント以上が高齢者）に突入し、すでに高齢者が人口の二五パーセントを超えている。

とくに、認知症や要介護が急増する八十五歳以上人口も四三〇万人を超えようとしている。

もともとは、曖昧さや相互依存に対する許容度の高い文化だったのに、高齢化と逆行する価値基準が広まりつつあるのだ。

さて、本書に感じることが多く、理論的な話に流れてしまったが、自分で監訳しているから言うわけではないが、本書は、私の高齢者、とくに認知症高齢者、そしてその家族との臨床体験から見て、とても良い、心の持ちよう、考え方のガイドブックとなっている。

曖昧さを受け入れる、介護の共倒れを避けるために素直に人に頼る、同じ悩みを持つ仲間と心の友になる、介護に過度な罪悪感を持たない、認知症に対する偏見を捨てる、そのためには一般の人への教育や啓蒙も必要だ。

この手のことは、私自身が、臨床の中で口を酸っぱくして言ってきたことばかりである。

とくに、私は、二十年近く家族会を開き続けてきたが、この効用は大きかったし、学べるものも多かった。

そこでは、同じ悩みを持つ人と語らい、その経験が共有され、施設の利用や人に頼ることの罪悪感が軽減されていく。はっきりとした答えを出さない。認知症には軽い人も重い人もいるが、それぞれの苦悩がある。

そういうことは、まさに本書に書かれたとおりである。

認知症の家族の人の心得をまさに言語化しているし、また、各章に、著者自身によるまとめがあり、また本書の最後に、やはり各章のまとめが載っている。

残念ながら、認知症介護のガイドブックは散見されるが、家族の心のありようの良い指針は日本ではほとんど見当たらない。

そういう点では、とてもお勧めの本だと精神科医、老年精神科医の立場から断言しておきたい。


本書がアメリカのガイドブックであることに若干の抵抗や偏見を持つ方がいるかもしれない。

ところが、私が本書を訳していて痛感したのは、アメリカでも日本でも抱える悩みは似たようなものなのだということだった。そういう点で教えられることが多かった。

アメリカでも、やはり介護は女性に押し付けられることが多いし、施設に入れることや人に頼ることへの抵抗感が大きい、嘆いていたら批判されることが多い、ほかの家族が理解してくれない。

そういうことについての洋の東西を問わない普遍性を知ることが、私にはもっともためになったことである。

私事ではあるが、日本では、介護のために仕事を辞める人が年に一五〜二〇万人（その多くは女性）もいることに憤慨して、二〇一二年に『「わたし」の人生《みち》――我が命のタンゴ』という映画を撮った。

これがモナコの国際映画祭に正式招待された。

審査委員長は、カンヌでパルムドールやアメリカのアカデミー外国語映画賞を獲ったこともある、『キリング・フィールド』や『ミッション』で知られるローランド・ジョフィ監督だった。

その映画祭で、介護離職、その後の介護鬱《うつ》に苦しむ女性教授を演じてくれた秋吉久美子さんが主演女優賞を、前頭側頭型認知症で問題行動を繰り返す患者役を演じてくれた橋爪功さんが主演男優賞を、私が人道的映画監督賞というのをいただいたのだが、その際に、やはり認知症家族の苦悩は洋の東西を問わないことを痛感した。

実際、上映でも涙を流す欧米人は多く、いろいろな方から賞賛を受けた。

向こうでもわかってもらえることを知っただけでも、映画監督としてではなく、老年精神科医としての収穫だった。

実際、その前の年には、孤立した介護家族（本書で描かれるような）による介護殺人の悲劇を描いた『愛、アムール』がカンヌのパルムドールとアカデミーの外国語映画賞を受賞している。

認知症介護者の苦悩は世界中で普遍のものだろう。

そして、本書に書かれる、介護者への温かい言葉と、明確な指針（しかも実行がしやすい）は、どこの国でも役立つものだし、世界中で進行する高齢化への福音であり、そういう点でも本書が素晴らしい啓蒙書であることを信じて疑わない。

本書の編集の労をとってくださった誠信書房の松山由理子さんと素晴らしい下訳（様々な調べものをしてくださいました。その上、私の勝手な思い入れから、大幅に書きなおさせていただいた失礼もお詫びします）をしてくださった森村里美さんには、この場を借りて深謝いたします。

原　　注

まえがき

（1）P. Boss, ed., "Special Issue: Ambiguous Loss," *Family Relations 56*, no. 2（April 2007）; S. Robins, "Ambiguous Loss in a Non-Western Context: Families of the Disappeared in Postconflict Nepal," *Family Relations 59*, no. 3（July 2010）: 253–268を参照。

序章

（1）Alzheimer's Association, *2011 Alzheimer's Disease Facts and Figures*（Chicago: Alzheimer's Association National Office, 2011）, 12. L. E. Hebert, P. A. Scherr, J. L. Bienias, D. A. Bennett, and D. A. Evans, "Alzheimer's Disease in the U. S. Population: Prevalence Estimates Using the 2000 Census," *Archives of Neurology 60*（2003）: 1119–1122; Alzheimer's Association, *Early-Onset Dementia: A National Challenge, a Future Crisis*（Washington, DC: Alzheimer's Association, June 2006）を参照。www.alz.org のサイト上でも資料検索できる。

（2）Alzheimer's Association, *2011 Alzheimer's Disease Facts and Figures*, 14. L. E. Hebert, L. A. Beckett, P. A. Scherr, and D. A. Evans, "Annual Incidence of Alzheimer's Disease in the United States Projected to the Years 2000 Through 2050," *Alzheimer's Disease and Associated Disorders 15*（2001）: 169–173を参照。

（3）Alzheimer's Association, *2011 Alzheimer's Disease Facts and Figures*, 14. Herbert, Beckett, Scherr, and Evans, "Annual Incidence of Alzheimer's Disease" を参照。

（4）Alzheimer's Association, *2011 Alzheimer's Disease Facts and Figures*, 12. S. Seshadri, P. A. Wolf, A. Beiser, R. Au, K. McNulty, R. White, and R. B. D'Agostino, "Lifetime Risk of Dementia and Alzheimer's Disease: The Impact of Mortality on Risk Estimates in the Framingham Study," *Neurology 49*（1997）: 1498–1504; L. E. Hebert, P. A. Scherr, J. J. McCann, L. A. Beckett, and D. A. Evans, "Is the Risk of Developing Alzheimer's Disease Greater for Women Than for Men?" *American Journal of Epidemiology 153*, no. 2（2001）: 132–136を参照。

（5） Alzheimer's Association, *2011 Alzheimer's Disease Facts and Figures*, 10.

（6） Ibid., 27.

（7） Ibid., 25. *2009 National Allience for Caregiving/AARP Survey on Caregiving in the United States*（Bethesda, MD: National Alliance for Caregiving and Washington, DC: AARP, 2009）を参照。資料はアルツハイマー病協会（Alzheimer's Association）のため、調査会社マシュー・グリーンワルド・アソシエイツ社（Mathew Greenwald and Associates）との二〇〇九年十一月十一日付契約に基づいて準備された。MetLife Mature Market Institute, *The MetLife Study of Alzheimer's Disease: The Caregiving Experience*（New York: MetLife Mature Market, 2006）, www.maturemarketinstitute.com も参照のこと。

（8） Alzheimer's Association, *2011 Alzheimer's Disease Facts and Figures*, 25. 特に図6 "Ages of Alzheimer's and Other Dementia Caregivers, 2010" を参照のこと。

（9） B. Almberg, M. Grafstrom, and B. Winblad, "Caring for a Demented Elderly Person — Burden and Burnout Among Caregiving Relatives," *Journal of Advanced Nursing 25*, no. 1（1977）: 109–116; S. H. Zarit, P. A. Todd, and J. M. Zarit, "Subjective Burden of Husbands and Wives as Caregivers: A Longitudinal Study," *Gerontologist 26*, no. 3（1986）: doi: 10.1093/geront/26.3.260; R. F. Coen, C. A. O'Boyle, D. Coakley, and B. A. Lawlor, "Individual Quality of Life Factors Distinguishing Low-Burden and High-Burden Caregivers of Dementia Patients," *Dementia and Geriatric Cognitive Disorders 13*, no. 3（2002）: 164–170を参照。

（10） N. L. Mace and P. V. Rabins, *The 36-Hour Day*（Baltimore, MD: Johns Hopkins University Press, 2006）.（Originally published 1981.）〔ナンシー・メイス、ピーター・ラビンズ『ぼけ（老人性痴呆）が起ったら——アルツハイマー病、脳血管性痴呆の介護』新版、中野英子訳、サイマル出版会、一九九二年〕

（11） Centers for Disease Control and Prevention, "Caregiving for Alzheimer's Disease or Other Dementia," November 16, 2009, www.cdc.gov/aging/caregiving/alzheimer.htm.

（12） Mayo Clinic, "Dementia: Causes," April 17, 2009, www.mayoclinic.com/health/dementia/DS01131/DSECTION=causes.

第1章

（1） 「曖昧《あいまい》な喪失」は、一九七〇年代に私が使いはじめた用語である。詳しくは www.ambiguousloss.com 参照。研究と応用をまとめた書籍に P. Boss, *Ambiguous Loss: Learning to Live with Unresolved Grief*（Cambridge, MA: Harvard University Press, 1999）と P. Boss, *Loss, Trauma, and Resilience: Therapeutic Work with Ambiguous Loss*（New York: Norton, 2006）がある。曖昧《あいまい》な喪失に関する最新の多面的な研究については *Family Relations 56*, no. 2（April 2007）参照。特に R. Blieszner, K. A. Roberto,

K. L. Wilcox, E. J. Barham, and B. L. Winston, "Dimensions of Ambiguous Loss in Couples Coping with Mild Cognitive Impairment," 196–209が興味深い。

（2） S. Roos, *Chronic Sorrow: A Living Loss* (New York: Brunner-Routledge, 2002).

（3） C. Feigelson, "Personality Death, Object Loss, and the Uncanny," *International Journal of Psychoanalysis 74*, no. 2 (1993): 331–345.

（4） R. J. Waldinger and M. S. Schulz, "What's Love Got to Do with It? Social Functioning, Perceived Health, and Daily Happiness in Married Octogenarians," *Psychology and Aging 25*, no. 2 (June 2010): 422–431.

（5） R. Schulz and S. Beach, "Caregiving as a Risk Factor for Mortality: The Caregiver Health Effects Study," *Journal of the American Medical Association 282*, no. 3 (December 15, 1999): 2215–2219. 他に R. Schulz and L. M. Martire, "Family Caregiving of Persons with Dementia: Prevalence, Health Effects, and Support Strategies," *American Journal of Geriatric Psychiatry 12*, no. 3 (May-June 2004): 240–249も参照のこと。

第2章

（1） American Psychiatric Association, *Diagnostic and Statistical Manual of Mental Disorders*, 4th ed., text revision (Washington, DC: American Psychiatric Association, 2000), 741. 〔米国精神医学会『ＤＳＭ－Ⅳ－ＴＲ　精神疾患の診断・統計マニュアル（新訂版）』高橋三郎／大野裕／染矢俊幸訳、医学書院、二〇〇四年〕

（2） Ibid., 737.

（3） *The New Shorter Oxford English Dictionary*, 4th ed.,「Grief」の項参照。

（4） Ibid.,「Bereavement」の項参照。

（5） E. Lindemann, "Symptomatology and the Management of Acute Grief," *Journal of Psychiatry 101* (1944): 141–148.

（6） M. deVries, "Trauma in Cultural Perspective," in *Traumatic Stress: The Effects of Overwhelming Experience on Mind, Body, and Society*, ed. B. A. van der Kolk, A. C. MacFarlene, and L. Weisaeth (New York: Guilford Press, 2006), 404. 〔ヴァン・デア・コルク編／マクファーレン編『トラウマティック・ストレス――ＰＴＳＤおよびトラウマ反応の臨床と研究のすべて』西澤哲監訳、誠信書房、二〇〇一年〕

（7） E. Kübler-Ross, *On Death and Dying* (New York: McMillan, 1969). 〔キューブラー＝ロス『死ぬ瞬間――死とその過程について』完全新訳改訂版、鈴木晶訳、読売新聞社、一九九八年〕

（8）二冊目の著書である *On Grief and Grieving* (New York: Scribner, 2005)〔キューブラー＝ロス／ケスラー『永遠の別れ——悲しみを癒す知恵の書』上野圭一訳、日本教文社、二〇〇七年〕において、研究対象が以前より少なかったが、ロスは、死にゆく人に向けた悲嘆五段階が、喪に服す人にも当てはまるだろうと述べた。

（9）M. O'Rourke, "Good Grief," *New Yorker*, February 1, 2010, 66.

（10）E. Kübler-Ross, *The Wheel of Life* (New York: Touchstone, 1997)〔キューブラー＝ロス『人生は廻る輪のように』上野圭一訳、角川書店、一九九八年〕を参照。この回想録の中で、ロスは、複雑な成り行きと、自分のやるせなさと抵抗について考察している。

（11）G. A. Bonanno, *The Other Side of Sadness* (New York: Basic, 2009).〔ボナーノ『リジリエンス——喪失と悲嘆についての新たな視点』高橋祥友監訳、金剛出版、二〇一三年〕

（12）D. S. Becvar, *In the Presence of Grief: Helping Family Members Resolve Death, Dying, and Bereavement Issues* (New York: Guilford Press, 2001); G. A. Bonanno, *The Other Side of Sadness*〔前掲『リジリエンス』〕; P. Boss, *Ambiguous Loss: Learning to Live with Unresolved Grief* (Cambridge, MA: Harvard University Press, 1999); P. Boss, *Loss, Trauma, and Resilience: Therapeutic Work with Ambiguous Loss* (New York: Norton, 2006)〔ボス『「さよなら」のない別れ　別れのない「さよなら」——あいまいな喪失』南山浩二訳、学文社、二〇〇五年〕; P. Boss, "The Trauma and Complicated Grief of Ambiguous Loss," *Pastoral Psychology* 59, no. 2 (2010): 137–145.

（13）K. Doka, *Disenfranchised Grief: New Directions, Challenges, and Strategies for Practice* (Champaign, IL: Research Press, 2002).

第3章

（1）R. T. Kasuya, P. Polgar-Bailey, and R. Takeuchi, "Caregiver Burden and Burnout: A Guide for Primary Care Physicians," *Postgraduate Medicine 108*, no. 7 (December 2000): 119–123. 参照元は、L. Etters, D. Goodall, and B. E. Harrison, "Caregiver Burden Among Dementia Patient Caregivers: A Review of the Literature," *Journal of the American Academy of Nurse Practitioners 20*, no. 8 (August 2008): 423–428.

（2）A. A. Atienza, P. C. Henderson, S. Wilcox, and A. C. King, "Gender Differences in Cardiovascular Response to Dementia Caregiving," *Gerontologist 41*, no. 4 (2001): doi: 10.1093/geront/41.4.490; C. Donaldson and A. Burns, "Burden of Alzheimer's Disease: Helping the Patient and Caregiver," *Geriatric Psychiatry and Neurology 12*, no. 1 (April 1999): doi: 10.1177/089198879901200106. 両資料を引用しているのは、N. R. Chumbler, J. W. Grimm, M. Cody, and C. Beck, "Gender,

Kinship and Caregiver Burden: The Case of Community-Dwelling Memory Impaired Seniors," *International Journal of Geriatric Psychiatry 18*, no. 8 (August 2003): 722–732.

(3) B. J. Kramer and E. H. Thompson Jr., eds., *Men as Caregivers* (Amherst, MA: Prometheus Books, 2005).

(4) National Alliance for Caregiving and AARP, *Caregiving in the U. S.* (Bethesda, MD: National Alliance for Caregiving and Washington, DC: AARP, 2004); MetLife Mature Market Institute, *The MetLife Study of Sons at Work Balancing Employment and Eldercare* (New York: Metropolitan Life Insurance Company, 2003).

(5) J. L. Yee and R. Schulz, "Gender Differences in Psychiatric Morbidity Among Family Caregivers: A Review and Analysis," *Gerontologist 40* (2000): 147–164; M. Navaie-Waliser, A. Springs, and P. H. Feldman, "Informal Caregiving: Differential Experiences by Gender," *Medical Care 40* (2002): 1249–1259.

(6) National Alliance for Caregiving and AARP, *Caregiving in the U. S.*; L. M. B. Alecxih, S. Zeruld, and B. Olearczyk, *Characteristics of Caregivers Based on the Survey of Income and Program Participation* (Falls Church, VA: Lewin Group, 2001).

(7) Family Caregiver Alliance, *Selected Caregiver Statistics*, revised 2005, http://caregiver.org/caregiver/jsp/content_node.jsp?nodeid=439.

(8) N. G. Cuellar, "Comparison of African American and Caucasian American Female Caregivers of Rural, Post-Stroke, Bedbound Older Adults," *Gerontological Nursing 28* (2002): 36–45; W. E. Haley, L. N. Gitlin, S. R. Wisniewski, D. F. Mahoney, D. W. Coon, L. Winter, M. Corcoran, S. Schinfeld, and M. Ory, "Well-Being, Appraisal, and Coping in African-American and Caucasian Dementia Caregivers: Findings from the REACH Study," *Aging and Mental Health 8* (2004): 316–329; M. Pinquart and S. Sorenson, "Ethnic Differences in Stressors, Resources, and Psychological Outcomes of Family Caregiving: A Meta-Analysis," *Gerontologist 45* (2005): 90–106.

(9) M. Pinquart and S. Sorenson, "Ethnic Differences in Stressors, Resources, and Psychological Outcomes of Family Caregiving."

(10) 介護者の負担については，エターズ（Etters, L.）らが以下のように述べている。「自己効力感（ある課題を自分は達成できるという信念）を伴う言動も，対処方法に影響を与えるかもしれない」。L. Etters, et al., "Caregiver Burden Among Dementia Patient Caregivers," 424.

(11) L. Etters, et al., "Caregiver Burden Among Dementia Patient Caregivers."

(12) C. W. Sherman and P. Boss, "Spousal Dementia Caregiving in the Context of Late-Life Remarriage," *Dementia: The International Journal of Social Research and Practice 6* (May 2007): 245–270.

（13） G. T. Deimling, V. L. Smerglia, and M. L. Schaefer, "The Impact of Family Environment and Decision-Making Satisfaction on Caregiver Depression: A Path Analytic Model," *Aging and Health 13* (2001): doi:10.1177/089826430101300103. Etters et al., "Caregiver Burden Among Dementia Patient Caregivers" に引用されている。

（14） H. Lavretsky, "Stress and Depression in Informal Family Caregivers of Patients with Alzheimer's Disease," *Aging Health 1*, no. 1 (2005): 117-133.

（15） P. Dilworth-Anderson, P. Y. Goodwin, and S. W. Williams, "Can Culture Help Explain the Physical Health Effects of Caregiving over Time Among African American Caregivers?" *Journal of Gerontology: Social Sciences 59B*, no. 3 (2004): S138-S145; P. Dilworth-Anderson, G. Boswell, and M. D. Cohen, "Spiritual and Religious Coping Values and Beliefs Among African American Caregivers: A Qualitative Study," *Applied Gerontology 26*, no. 4 (2007): 355-369.

（16） L. Etters, et al., "Caregiver Burden Among Dementia Patient Caregivers."

（17） Ibid., F. M. Torti, L. P. Gwyther, S. D. Reed, J. Y. Friedman, and K. A. Schulman, "A Multinational Review of Recent Trends and Reports in Dementia Caregiver Burden," *Alzheimer's Disease and Associated Disorders 18*, no. 2 (2004): 99-109.

（18） L. Etters, et al., "Caregiver Burden Among Dementia Patient Caregivers."; F. M. Torti, et al., "A Multinational Review of Recent Trends and Reports in Dementia Caregiver Burden."

（19） P. Belluck, "In a Land of Aging, Children Counter Alzheimer's," *New York Times*, November 26, 2010, A1, A12.

（20） 宗教的コミュニティは、そうした支援グループを援助するのに、もっと大きな役割を果たせるはずである。愛する人の死後の悲嘆を対象にするのではなく、ルースのように、曖昧な喪失とともに生きざるを得ない人々を対象にして支援するグループであることが重要だ。

第4章

（1） C. L. Campbell and A. S. Demi, "Adult Children of Fathers Missing in Action (MIA)," *Family Relations 49* (2000): 267-276.

（2） A. de Saint-Exupéry, *The Little Prince* (New York: Harcourt Brace Jovanovich, 1971).（初版一九四三年）〔サン＝テグジュペリ『星の王子さま』池澤夏樹訳、集英社、二〇〇五年他〕皮肉にも、この本の刊行から一年後、作者自身の操縦する飛行機が地中海上に差し掛かった時に行方不明となる。人生が作品を模倣した。断っておくが、『星の王子さま』は単に子ども向けの本ではない。愛する人が認知症であるなら、この本に慰めを見出すことだろう。

（3） Saint-Exupéry, *The Little Prince*, 82, 84.

（4） Ibid., 87.（前出『星の王子さま』池澤夏樹訳）

（5） Ibid., 8.（同、池澤夏樹訳）この言葉は本のあちこちに見られる。

（6） Ibid., 67.（同、池澤夏樹訳）

（7） F. Perls, *Gestalt Therapy Verbatim*（Lafayette, CA: Real People Press, 1969）.〔パールズ『ゲシュタルト療法バーベイティム』倉戸ヨシヤ監訳、ナカニシヤ出版、二〇〇九年〕パールズの仕事が個人を対象にしたのに対し、ケンプラー（Walter Kempler）は家族を対象とした。ウィテカー同様、ケンプラーは理論には興味なく、人々が意識を広げ、自分の行動に責任を持ち、信頼でき自律しているという感覚が持てるよう支援した（最後の項目は、介護者には難しいだろう）。W. Kempler, *Experimental Psychotherapy with Families*（New York: Brunner/Mazel, 1981）を参照。やはりウィテカーに似て、ケンプラーは、個人が成熟するために家族が非常に大きな役割を果たすと考えた。それについては、H. Goldenberg and I. Goldenberg, *Family Therapy: An Overview*, 7th ed.（Belmont, CA: Thomson Brooks/Cole, 2008）を参照（この問題については、本人が家族をどう定義するかによって結果が変わるだろう。研究の先駆者たちの考察はそこに至らなかった。ウィテカーと共同で行なった治療や、直接自分で観察したことと照らし、ウィテカーが第一に重視したのは、単なる家族構成ではなく、人間関係と物事の経過だと思われる）。

（8） J. Cassidy, "Mind Games," *New Yorker*, September 18, 2006, 30–37.

（9） A. P. Turnbull, J. M. Patterson, S. Behr, D. L. Murphy, J. G. Marquis, and M. J. Blue-Banning, eds., *Cognitive Coping, Families, and Disability*（Baltimore, MD: Brookes, 1993）. P. Boss. "Boundary Ambiguity: A Block to Cognitive Coping," 257–270を参照のこと。

（10） F. Perls, *Gastalt Therapy Verbatim*, 4.

（11） 認知症の人を介護している最中の悲しみは、慢性的悲哀に似ているかもしれない。この用語は、障害を持つ子どもの親が長期にわたって示す反応を表わすのに、慣習として使われてきた。S. Olshansky, "Chronic Sorrow: A Response to Having a Mentally Defective Child," *Social Casework 43*（1962）: 190–193; and S. Roos, *Chronic Sorrow: A Living Loss*（New York: Brunner-Routledge, 2002）を参照のこと。

（12） 異なる文化の服喪について全体的な考察を知るには、*Living Beyond Loss: Death in the Family*, 2nd ed., ed. F. Walsh and M. McGoldrick（New York: Norton, 2004）, 119–160の、M. McGoldrick, J. M. Schlesinger, E. Lee, P. M. Hines, J. Chan, R. Almeida, B. Petkov, N. G. Preto, and S. Petry, "Mourning in Different Cultures"の章を参照のこと。

（13） P. Dilworth-Anderson and S. Marshall, "Social Support in Its Cultural Context," in *Handbook of Social Support and the Family*, ed. G. R. Pierce, B. R. Sarason, and I. G. Sarason（New York: Plenum 1996）, 61–79; *Roots*, DVD, directed by D. Greene,

G. Moses, J. Erman, and M. Chomsky（1977; Burbank, CA: Warner Home Video, 2002).〔グリーン、モーゼス、アーマン、J・チョムスキー監督『ルーツ』コレクターズBOX、ワーナー・ホーム・ビデオ、二〇〇五年〕

（14）D. G. Faust, *This Republic of Suffering*（New York: Vintage, 2008).〔ファウスト『戦死とアメリカ——南北戦争62万人の死の意味』黒沢眞里子訳、彩流社、二〇一〇年〕

（15）Ibid.

（16）アメリカのペンシルバニア州、スワースモア大学のガーゲン（Kenneth Gergen）教授は「私たちは皆、人生における喪失と向き合い、喪失のもとで意味は断裂する」と述べた。P. Boss, *Loss, Trauma, and Resilience*（New York: Norton, 2006）の表紙カバーに引用されている。

（17）S. Minuchin, *Families and Family Therapy*（Cambridge, MA: Harvard University Press, 1974).〔ミニューチン『家族と家族療法』山根常男監訳、誠信書房、一九八四年〕

（18）E. Lindemann, "Symptomatology and Management of Acute Grief," *Journal of Psychiatry 101*（1944): 141-148.

（19）D. S. Becvar, *In the Presence of Grief: Helping Family Members Resolve Death, Dying, and Bereavement Issues*（New York: Guilford Press, 2001); G. A. Bonanno, *The Other Side of Sadness*（New York: Basic, 2009）〔前掲『リジリエンス』〕; F. Walsh and M. McGoldrick, eds., *Living Beyond Loss: Death in the Family*, 2nd ed.（New York: Norton, 2004).

第5章

（1）E. Berscheid, "The Human's Greatest Strength: Other Humans", in *A Psychology of Human Strengths*, ed. L. G. Aspinwall and U. M. Staudinger（Washington, DC: American Psychological Association, 2003), 42を参照。また、E. Berscheid and H. T. Reis, "Attraction and Close Relationships," in *The Handbook of Social Psychology*, 4th ed., ed. D. T. Gilbert, S. T. Fiske and G. Lindzey（New York: McGraw-Hill, 1998), 2: 193-281も参照のこと。

（2）E. Berscheid, "The Human's Greatest Strength: Other Humans"; E. Berscheid and H. T. Reis, "Attraction and Close Relationships."

（3）心の家族とは、真の意味で、「実際の家族に加わることがある、家族の心的表象」である。D. Becvar, review of *Loss, Trauma, and Resilience: Therapeutic Work with Ambiguous Loss*, by P. Boss, *Journal of Marital and Family Therapy 32*, no. 4（October 2006): 531.

（4）E. Berscheid, "The Human's Greatest Strength"; M. E. P. Seligman, *Authentic Happiness: Using the New Positive Psychology to*

Realize Your Potential for Lasting Fulfillment (New York: Free Press, 2002).〔セリグマン『世界でひとつだけの幸せ——ポジティブ心理学が教えてくれる満ち足りた人生』小林裕子訳、アスペクト、二〇〇四年〕

（5） E. Berscheid, "The Human's Greatest Strength," 41; H. T. Reis, W. A. Collins and E. Berscheid, "The Relationship Context of Human Behavior and Development," *Psychological Bulletin 126* (2000): 844–872.

（6） 詳しくは、P. Boss, *Loss, Trauma, and Resilience, 25*, and P. Boss, *Ambiguous Loss* (Cambridge, MA: Harvard University Press, 1999), 1を参照。一九九九年、父と母親が数十年にわたり交わした手紙について、私は書いた。離れて暮らしても、二人は繋がっていた。父と母親については、学術誌にも記した。P. Boss, "The Experience of Immigration for the Mother Left Behind: The Use of Qualitative Feminist Strategies to Analyze Letters from My Swiss Grandmother to My Father," *Marriage & Family Review 19*, nos. 3–4 (1993): 365–378. また、*Families on the Move: Migration, Immigration, Emigration, and Mobility*, ed. B. H. Settles, D. E. Hanks III, and M. B. Sussman (New York: Haworth, 1993), 365–378に転載された。すでに英訳されているが、もとはドイツ語で、スイスの祖母であるソフィー・ザルツマン・グローセンバッハー (Sophie Salzmann Grossenbacher) もまた、遠く離れた愛する者たちへの思いを書き送った。祖母からの手紙をすべて読み終え、父にとっての祖母のように、私たちもまた、祖母にとっての心の家族だったことがわかった。Boss, *Ambiguous Loss* を参照のこと。

（7） F. Russo, *They're Your Parents, Too!* (New York: Bantam, 2010).

（8） P. Picasso, *The Tragedy*, 1903. 油彩、板。1.053 × .690 m, Chester Dale Collection, National Gallery of Art, Washington, DC.（ワシントン国立美術館）

（9） E. Berscheid, "The Human's Greatest Strength," 41; H. T. Reis, W. A. Collins and E. Berscheid, "The Relationship Context of Human Behavior and Development."

（10） K. Armstrong, *The Spiral Staircase* (New York: Knopf, 2004), 272.

（11） Ibid., 298.

（12） N. L. Paul, "The Use of Empathy in the Resolution on Grief," *Perspectives in Biology and Medicine 11* (1967): 153–169.

（13） M. McGoldrick, R. Gerson, and S. Perty, *Genograms: Assessment and Intervention*, 3rd ed. (New York: Norton, 2008).〔マクゴールドリック、ガーソン、シェレンバーガー『ジェノグラム（家系図）の臨床——家族関係の歴史に基づくアセスメントと介入』石川元／佐野祐華／劉イーリン訳、ミネルヴァ書房、二〇〇九年〕

第6章

（1） S. J. Wolin and L. A. Bennett, "Family Rituals," *Family Process 23*, no. 3 (1984): 401-420.

（2） B. H. Fiese, "Dimensions of Family Rituals Across Two Generations: Relation to Adolescent Identity," *Family Process 31* (1992): 151-162.

（3） B. H. Fiese and C. A. Kline, "Development of the Family Ritual Questionnaire: Initial Reliability and Validation Studies," *Journal of Family Psychology 6*, no. 3 (1993): 290-299.

（4） J. H. S. Bossard and E. S. Boll, *Ritual in Family Living: A Contemporary Study* (Philadelphia: University of Pennsylvania Press, 1950); L. A. Bennett, S. J. Wolin and K. McAvity, "Family Identity, Ritual, and Myth: A Cultural Perspective on Life Cycle Transitions," in *Family Transitions*, ed. C. Falicov (New York: Guilford Press, 1988), 211-234; E. Imber-Black and J. Roberts, *Rituals for Our Times* (New York: HarperCollins, 1992).

（5） B. H. Fiese, K. A. Hooker, L. Kotary, and J. Schwagler, "Family Rituals in the Early Stages of Parenthood," *Journal of Marriage and Family 55* (August 1993): 634.

（6） S. Dickstein, "Family Routines and Rituals — The Importance of Family Functioning: Comment on a Special Section," *Journal of Family Psychology 16* (2002): 441-444; S. R. Friedman and C. S. Weissbrod, "Attitudes Toward the Continuation of Family Rituals Among Emerging Adults," *Sex Roles 50*, nos. 3-4 (2004): 277-284.

（7） M. McGoldrick, J. M. Schlesinger, E. Lee, P. M. Hines, J. Chan, R. Almeida, B. Petkov, N. C. Petro, and S. Petry, "Mourning in Different Cultures," in *Living Beyond Loss*, ed. F. Walsh and M. McGoldrick (New York: Norton, 2004), 119-160.

（8） J. Roberts, "Setting the Frame: Definition, Functions, and Typology of Rituals," in *Rituals in Families and Family Therapy*, ed. E. Imber-Black, J. Roberts and R. A. Whiting (New York: Norton, 2003), 3-48.

（9） E. Imber-Black, "Rituals and the Healing Process," in *Living Beyond Loss*, ed. F. Walsh and M. McGoldrick (New York: Norton, 2004), 340-357.

（10） Ibid.

（11） 儀式を行なうことによって、誰が自分の家族に入り、誰が入らないのか（境界線）と、誰が何をするのか（役割）も定められる。社会学者のゴッフマンは、儀式が家族の役割と境界線を明確にすることによって、家族を安定させると論じている。何をして、どこに座り、どう振る舞い、いつ話すか——そうしたすべてが、生と死、結婚と離婚、大人への移行の儀に対処する家族の儀式の中で、細かく定められている。E. Goffman, *Interaction Ritual* (New York: Pantheon, 1967)〔ゴッフマン『儀礼としての

相互行為——対面行動の社会学』新訳版、浅野敏夫訳、法政大学出版局、二〇一二年〕を参照。

(12) E. Imber-Black, "Rituals and the Healing Process."

(13) I. Böszörményi-Nagy and G. Spark, *Invisible Loyalties* (New York: Harper and Row, 1973), 75.

(14) E. Imber-Black, "Rituals and the Healing Process."

(15) R. A. Whiting, "Guidelines to Designing Therapeutic Rituals," in *Rituals in Families and Family Therapy*, ed. E. Imber-Black, J. Roberts, and R. A. Whiting (New York: Norton, 1988), 84–112.

(16) C. Geertz, *The Interpretation of Cultures* (New York: Basic, 1973). これが引用されているのは、M. W. deVries, "Trauma in Cultural Perspective," in *Traumatic Stress*, ed. B. van der Kolk, A. C. MacFarlane, and L. Weisaeth (New York: Guilford Press, 2006, 398–413. 〔前掲『トラウマティック・ストレス』〕

(17) C. Greetz, *The Interpretation of Cultures*. 前項に同じく、M. W. deVris, "Trauma in Cultural Perspective," 402.

(18) J. M. Beaton, J. E. Norris, and M. W. Pratt, "Unresolved Issues in Adult Children's Marital Relationships Involving Intergenerational Problems," *Family Relations 52*, no. 2 (2003): 143–153.

(19) F. Russo, *They're Your Parents, Too!* (New York: Bantam, 2010).

(20) S. J. Wolin and L. A. Bennett, "Family Rituals"; B. H. Fiese and C. A. Kline, "Development of the Family Ritual Questionnaire."

第7章

(1) A. B. Cohen, "Many Forms of Culture," *American Psychologist 64*, no. 3 (April 2009): 194–204.

(2) H. Lavretsky, "Stress and Depression in Informal Family Caregivers of Patients with Alzheimer's Disease," *Aging Health 1*, no. 1 (August 2005): 117–133.

(3) 本章では、こうした理由から、ストレス過程 (stress process) というレンズを通して介護を捉えている。H. Lavretsky, "Stress and Depression in Informal Family Caregivers of Patients with Alzheimer's Disease" を参照のこと。

(4) H. Lavretsky, "Stress and Depression in Informal Family Caregivers of Patients with Alzheimer's Disease." W. Caron, P. Boss and J. Mortimer, "Family Boundary Ambiguity Predicts Alzheimer's Outcomes," *Psychiatry: Interpersonal & Biological Processes 62*, no. 4 (1999): 347–356も参照のこと。

(5) C. Buckley, *Losing Mum and Pup* (New York: Grand Central Publishing, 2009), 91. 他に、C. Goldman, *The Gifts of Caregiving* (Minneapolis, MN: Fairview Press in cooperation with the Center for Spirituality and Healing, University of Minnesota, 2002)

もお勧めする。

（6）G. A. Bonanno, *The Other Side of Sadness* (New York. Basic, 2009).〔前掲『リジリエンス』〕

（7）H. Kushner, *When Bad Things Happen to Good People* (New York: Anchor, 2004).〔クシュナー『なぜ私だけが苦しむのか――現代のヨブ記』斎藤武訳、岩波書店、二〇〇八年〕

（8）この「平安の祈り」は、次の書籍から引用した。E. Sifton, *The Serenity Prayer: Faith and Politics in Times of Peace and War* (New York: Norton, 2003), 7.

（9）P. Boss, *Loss, Trauma, and Resilience* (New York: Norton, 2006), 177.

（10）この項で、私は愛着（attachment）という言葉を一般的な意味で用いる。J. Bowlby, *Attachment and Loss*, vol. 3, *Loss: Sadness and Depression* (New York: Basic Books, 1980) を参照のこと。

（11）T. Bowman, *Finding Hope When Dreams Have Shattered* (St. Paul, MN: Bowman, 2001).

（12）B. Pym, *Excellent Women* (New York: Penguin, 1952), 11.〔ピム『よくできた女《ひと》』芦津かおり訳、みすず書房、二〇一〇年〕

（13）H. Lavretsky, "Stress and Depression in Informal Family Caregivers of Patients with Alzheimer's Disease."

第8章

（1）delicious ambiguity という言葉を最初に使ったのは、カリフォルニア州サンタモニカの健康センター所属の療法家バル（Joanna Bull）【訳注　癌に関する心理療法家であり、Radner の友人であった】である。G. Radner, *It's Always Something* (New York: Simon & Schuster, 1989), 195を参照。

（2）G. Radner, *It's Always Something*, 268.

（3）K. Tippet による制作と司会のラジオ番組 "Alzheimer's Memory and Being," *On Being*, American Public Media, April 22, 2010. 内容の全文は次のサイトを参照のこと。http://www.onbeing.org/program/alzheimer039s-memory-and-being/transcript/597

（4）B. Howard, "The Secrets of Resilient People," *AARP*（全米退職者協会）, November-December 2009, 32, 34-35.

（5）L. S. Brady, "No Tethering, and It's All Good," *New York Times*, September 26, 2010, 17.

（6）AARP, "How Resilient Are You?" *AARP*, November-December 2009, 34. 出典は A. Seibert, *The Resiliency Advantage* (San Francisco: Berrett-Koehler, 2005)〔シーバート『凹まない人の秘密』林田レジリ浩文訳、ディスカヴァー・トゥエンティワン、二〇〇八年〕

（7）C. Connolly, "Leaving," *All This and More: New and Selected Poems* (Minneapolis, MN: Nodin, 2009), 40. C. Connolly, *Payments*

Due (St. Paul, MN: Midwest Villages & Voices, 1995) についても参照のこと。

（8） P. Hampl, *The Florist's Daughter* (Orlando, FL: Harcourt, 2007), 213–214.

（9） P. Hampl, *Florist's Daughter*, 211.

（10） C. Stangl, *Third Play Guide* (Minneapolis, MN: Guthrie Theater, February 16-March 30, 2008).

（11） J. P. Shanley, "Preface," *Doubt: A Parable* (New York: Dramatists Play Service, 2005), ix–x.

（12） 私は別の場で、曖昧《あいまい》な喪失と、曖昧《あいまい》さに耐える力に差がある理由とに、精神性が関わっていることについて詳しく書いた。P. Boss, *Loss, Trauma, and Resilience* (New York: Norton, 2006) を参照。性格と育った環境が鍵を握る。しかし、ここで差し当たり知っておいてほしいのは、曖昧《あいまい》さに耐える力を伸ばすのは可能だということだ。解決の道がなさそうな込み入った状況に、対処できるまでになりたい。精神的な世界観を持つ人々は、その対処ができる場合が多い。人生の出来事をあるがままに受け入れる。ネイティブ・アメリカンは、そうした生き方を「自然との調和 (harmony with nature)」と呼んでいる。P. Boss, *Ambiguous Loss: Learning to Live with Unresolved Grief* (Cambridge, MA: Harvard University Press, 1999)〔前掲『「さよなら」のない別れ 別れのない「さよなら」』〕もお勧めしておく。

（13） M. S. Lane and K. Klenke, "The Ambiguity Tolerance Interface: A Modified Social Cognitive Model for Leading Under Uncertainty," *Journal of Leadership & Organizational Studies 10* (Winter 2004): doi: 10.1177/107179190401000306.

（14） J. D. Wigod, "Negative Capability and Wise Passiveness," *PMLA*【訳注 *Publications of the Modern Language Association of America*】67 (June 1952): 383–390.

（15） M. H. Forman, ed., *The Letters of John Keats*, 2nd ed. (New York: Oxford University Press, 1935), 72.〔キーツ『詩人の手紙』田村英之助訳、冨山房、一九七七年〕

（16） I. D. Yalom, *Staring at the Sun* (San Francisco: Jossey-Bass, 2008, 2009).

（17） Ibid., 5.

（18） Ibid., 205.

（19） キルケゴールは、その死後に実存主義の祖と認められる。G. Marino, "Søren Kierkegaard," in *Basic Writings of Existentialism* (New York: Modern Library, 2004), 7–106を参照。

第9章

（1） P. Mishra, *An End to Suffering* (New York: Picador, 2004).

（2） 最も初期の家族療法家たちは、ウィテカーではなく、マレー・ボーエン（Bowen）に同意する。ボーエンは、他との融合がありえない「確固たる自己（solid-self）」について書いた。しかし、当時のボーエンを含む研究者たち――ミニューチン（Salvador Minuchin）、オルソン（David Olson）、スプレンクル（Douglas Sprenkle）、ラッセル（Candyce Russel）――は、高齢の夫婦が認知症と介護の問題に直面した時の、融合した愛情（fused attachment）や均衡を欠いた役割（unbalanced roles）について考慮しなかった。そのような場合、明瞭で確固たる自己という感覚を維持するのは難しい。情緒が健全な配偶者にとっても、それは例外ではない。以下の資料を参照のこと。M. Bowen, *Family Therapy in Clinical Practice*（New York: Aronson, 1978）; S. Minuchin, *Families and Family Therapy*（Cambridge, MA: Harvard University Press, 1974）〔前掲『家族と家族療法』〕; and D. H. Olson, D. H. Sprenkle, and C. Russell, "Circumplex Model of Marital and Family Systems: I. Cohesion and Adaptability Dimensions, Family Types, and Clinical Applications," *Family Process 18*, no. 1（April 1979）: 3–28.

（3） N. Noddings, *Caring: A Feminine Approach to Ethics and Moral Education*（Berkeley: University of California Press, 1984）〔ノディングズ『ケアリング　倫理と道徳の教育――女性の観点から』立山善康他訳、晃洋書房、一九九七年〕; A. Maslow, "A Theory of Motivation," *Psychological Review 50*, no. 4（1943）: 370–396.

（4） N. Noddings, *Caring*, 17–18.

（5） K. Armstrong, *The Spiral Staircase*（New York: Knopf, 2004）, 298.

（6） P. Boss and L. Kaplan, "Ambiguous Loss and Ambivalence When a Parent has Dimentia," in *Intergenerational Ambivalences: New Perspectives on Parent-Child Relations in Later Life*, ed. K. Pillemer and K. Lüscher（Oxford, England: Elsevier, 2004）, 207–224.

（7） C. W. Sherman and P. Boss, "Spousal Dementia Caregiving in the Context of Late-Life Remarriage," *Dementia: The International Journal of Social Research and Practice 6*（May 2007）: 245–270.

おわりに

（1） C. Goldman, *The Gifts of Caregiving*（Minneapolis, MN: Fairview Press in cooperation with the Center for Spirituality and Healing, University of Minnesota, 2002）, 37.

旅の続きに

（1） E. Berscheid, "The Human's Greatest Strength: Other Humans," in *A Psychology of Human Strengths*, ed. L. G. Aspinwall and

U. M. Staudinger (Washington, DC: American Psychological Association, 2003) を参照。また、E. Berscheid and H. T. Reis, "Attraction and Close Relationships," in *The Handbook of Social Psychology*, 4th ed., ed. D. T. Gilbert, S. T. Fiske, and G. Lindzey (New York: McGraw-Hill, 1998), 2: 193-281も参照のこと。

介護者の皆さんへ

(1) P. Boss, *Loss, Trauma, and Resilience: Therapeutic Work with Ambiguous Loss* (New York: Norton, 2006).〔ボス『あいまいな喪失とトラウマからの回復——あいまいな喪失を経験した家族とコミュニティへのケア』(仮題) 中島聡美・石井千賀子監訳、誠信書房、近刊〕

(2) R.-J. Green and P. D. Werner, "Intrusiveness and Closeness-Caregiving: Rethinking the Concept of Family Enmeshment," *Family Process 35* (1996): 115-136を参照。

(3) V. Goldner, "Feminism and Family Therapy," *Family Process 24*, no. 1 (1985): 31-47.

(4) 家族療法の先駆者であるミニューチンは、それを纏綿《てんめん》(enmeshment) と呼び、機能障害の指標として以下を挙げた。「相互依存の関係、個人的境界への侵入、自己と他の家族との認識分化の度合いが乏しい、家族のサブシステムの境界の脆弱さ」1033. S. Minuchin, L. Baker, B. L. Rosman, R. Liebman, L. Milman, and T. C. Todd, "A Conceptual Model of Psychosomatic Illness in Children," *Archives of General Psychiatry 32*, no. 8 (1975): 1031-1038を参照。また、S. Minuchin, *Families and Family Therapy* (Cambridge, MA: Harvard University Press, 1974)〔前掲『家族と家族療法』〕も参照のこと。

(5) N. L. Mace and P. V. Rabins, *The 36-Hour Day* (Baltimore, MD: Johns Hopkins University Press, 2006).〔前掲『ぼけ(老人性痴呆)が起ったら——アルツハイマー病、脳血管性痴呆の介護』〕

(6) American Psychiatric Association, *Diagnostic and Statistical Manual of Mental Disorders*, 4th ed., text revision (Washington, DC: American Psychiatric Association, 2000), 679-683, 736-737.〔前掲『DSM-Ⅳ-TR 精神疾患の診断・統計マニュアル(新訂版)』〕

訳注

第2章

＊1　一九〇〇～一九七四年。一九三五年から定年までハーバード大学精神医学教授を務める。
＊2　一九二六～二〇〇四年。スイス生まれ。アメリカで精神科医、作家として活動。
＊3　アメリカの編集者、作家、詩人。
＊4　コロンビア大学臨床心理学教授。
＊5　ニューヨーク州ニューロシェルカレッジ老年学教授。

第3章

＊1　映画 *Here Comes the Waves*（一九四四年）で歌われた曲。一九四六年アカデミー賞主題歌賞候補。
＊2　ステップファミリーとは、「配偶者の少なくとも一方の結婚前の子供と一緒に生活する家族形態」（『知恵蔵２００７』朝日新聞社）、いわゆる継《まま》家族のことである。
＊3　一九七五年、米ノースウエスタン大学で博士号取得（社会学）。ノースカロライナ大学チャペルヒル校の健康政策管理教授。同校、老化に関する研究所の暫定共同所長。

第4章

＊1　パイロットではなく、きつねが王子に言った言葉。
＊2　一八九三～一九七〇年。ドイツでユダヤ人の家系に生まれる。精神科医、心理療法士。「ゲシュタルト療法」を創始し、妻ローラと共に発展させる。迫害を逃れてオランダ、南アフリカ共和国に移り、アメリカ合衆国に落ち着く。ゲシュタルト療法とは、『いま・ここ』で体験していることを重視し、感情や身体感覚の体験を通して自己に気づき、人格や統合性・全体性（ゲシュタ

ルト）の回復を図る技法。」（『大辞林』三省堂）

＊3　一九一二〜一九九五年。アメリカの精神科医、家族療法のパイオニア。一九六五年から一九八二年の退官まで、ウィスコンシン大学教授を務める。

＊4　アメリカの歴史学者、教育者。二〇〇一年からハーバード大学教授を務め、二〇〇七年に同大学初の女性学長となる。

第5章

＊1　セントルイス大学で医療ソーシャルワーク博士号を取得。公認の夫婦・家族療法士、公認臨床ソーシャルワーカー、セントルイス大学の公衆衛生・社会正義学部名誉教授。

＊2　アメリカの社会心理学者。一九六五年にミネソタ大学で心理学博士号を取得。ミネソタ大学の名誉指導教授。

＊3　アメリカの心理学者、ベストセラー作家。ポジティブ心理学の草分け。一九六七年にペンシルバニア大学で心理学博士号取得。現在、同大学ポジティブ心理学センター長を務める。ポジティブ心理学とは、「私たち一人ひとりの人生や、私たちの属する組織や社会のあり方が、本来あるべき正しい方向に向かう状態に注目し、そのような状態を構成する諸要素について科学的に検証・実証を試みる心理学の一領域である」（一般社団法人日本ポジティブ心理学協会HPより）

＊4　アフリカ系アメリカ人。テレビのトークショー司会者、女優、慈善家、メディア経営者として、非常に大きな社会的影響力を持つ。

＊5　キリスト教の一派。スイスのアマン（J. Ammann 一六四四年頃〜一七三〇年頃）により創始。アメリカのペンシルバニア州を中心に居住し、自動車や電気を用いない生活様式を保持。

＊6　単語を作成して得点を競うボードゲーム。

＊7　比較宗教学の権威として多数の著作がある。十代後半から七年間の修道女生活を送る。その後、大学で英語を専攻。いくつかの大学で講師を務めたのち、ドキュメンタリー作家、解説者、講演家としても活躍。アメリカ同時多発テロ事件以後、イスラム教についての彼女の見識が注目されている。

＊8　一九二六〜二〇一一年。医学博士。アメリカ家族療法学会（The American Family Therapy Association）を創始。当時の妻との共著 *A Marital Puzzle: Transgenerational Analysis in Marriage Counseling*（1986）がある。

＊9　棒人間とは、人間の体の手や足を棒のように表現した絵のこと。

第6章

＊1　ユダヤ暦のキスレブ月（グレゴリオ暦の十一月〜十二月に当たる）の二十五日から八日間、各家庭の窓際に、毎夕蠟燭《ろうそく》を灯して祝う。紀元前に、ギリシャ人の手からエルサレムの神殿を取り戻したことを記念して行なう。

＊2　キリストの復活を記念する、キリスト教の祝日。春分後、最初の満月の次に訪れる日曜に、家族で祝いの食卓を囲み、子どもたちは隠されたイースター・エッグ（美しく染めたゆで卵）を探すなどして楽しむ。

＊3　聖書に記されたユダヤ教三大祭りの一つ。モーセによるエジプト脱出を記念する。三月末から四月始めの一週間、当時の苦難を忍び、神への感謝を込めて、種（酵母）抜きのパンなど、各家庭で伝統に沿った形式の食事を摂る。

＊4　十一月第四木曜日。アメリカの連邦法定休日である。イギリスから新大陸に渡った清教徒の人々が、移住開拓後の一六二一年、初めての収穫を神に感謝したのを記念する。家族が集い、七面鳥の丸焼きなどのご馳走を囲む。

＊5　古代ローマのヌルシアに生まれたベネディクトの会則に従う、最古のカトリック修道会。十一世紀に絶頂を極めたが、フランス革命後にほぼ壊滅。十九世紀中頃から、ドイツ、フランス、イタリア、イギリスを中心に再興し、一九六四年に統一された。

＊6　一九二〇〜二〇〇七年。ハンガリー生まれの精神科医。一九五〇年、アメリカに移住。家族療法分野の創始者の一人。

＊7　家族療法家。児童相談所（child guidance clinics）で二十年以上、児童の精神保健に携わった。

＊8　キリスト連合教会（United Church of Christ）の女性牧師。ミネソタ州中部のメープル・グローブで、当教会への巡礼者を迎える他、教師、農場主（共同経営）として、地域に貢献してきた。

第7章

＊1　一九二五〜二〇〇八年。一九五五年、雑誌『ナショナル・レビュー』を創刊し、当時分裂していたアメリカ保守思想をまとめ上げる役割を果たした。一九六六年から三十三年間にわたり、テレビ番組「Firing Line（最前線）」の司会を務めた。スパイ小説を含む五十冊以上の著書を残す。

＊2　ウィリアム・F・バックリーの一人息子。父の保守思想に反して二〇〇八年の大統領選でオバマを支持し、コラムを執筆していた『ナショナル・レビュー』誌から離れた。政治風刺的な作品が多く、十冊以上の著書があり、うち三作品が映画化されている。

＊3　省かれた部分は「(to use a WFB term)」、つまり、「父の言葉を借りれば」を意味する部分。

＊4　アメリカの神学者ラインホルド・ニーバー（Reinhold Niebuhr 一八九二〜一九七一年）作と言われているが、様々な形がある。原注8に掲げられた書籍の著者は、ニーバーの娘。一九六七年、雑誌の論文で、神学者の大木英夫が初めて「祈り」を訳し

て紹介したが、元にした原文は本書とは異なる。

＊5　一九一三～一九八〇年。イギリスの小説家。『よくできた女』で作家として評価されながら、一九七七年に、のちにブッカー賞候補となる *Quartet in Autumn*〔『秋の四重奏』小野寺健訳、みすず書房、二〇〇六年〕を刊行するまで、十年以上も不遇であった。再評価され、「二十世紀のジェーン・オースティン」とも呼ばれる。

＊6　原注12に示した邦訳書では、会話文のため、「あの方たちがこっそりと善行をされる……」としている。

＊7　*Loss, Trauma, and Resilience* (2006) は誠信書房から『あいまいな喪失とトラウマからの回復』として二〇一四年夏に刊行予定。

第8章

＊1　一九四六～一九八九年。一九七八年には「サタデー・ナイト・ライブ」での演技によってエミー賞を受賞。出演映画も九作品ある。

＊2　宗教と人間存在をテーマにしたラジオ番組「存在すること」の企画司会者として、全米で有名。エール大学神学修士号を持つ。

＊3　現代正統派ユダヤ教の哲学に基づく高度な教育で知られる、ニューヨークのイエシーバー大学（一八八六年創立）より心理学博士の学位を得た。一九八九年から、ニューヨーク州南東部のラーチモント・ママロネック・コミュニティ・カウンセリング・センターに加わり、地域に貢献する。現在、同センターの臨床部長。

＊4　一九二七～二〇一〇年。生涯をミネソタ州セントポール市で過ごす。七人の子を育てながら、女性や人権のための社会活動を行なう。一九七九年の離婚後に、活躍の場を広めた。初の詩集 *Payment Due*（「支払い期限」）を一九八五年に出版。二〇〇六年に、市の表彰を受けた最初の詩人となる。

＊5　アメリカの作家、講演家であり、教壇にも立つ。ミネソタ州セントポール市に生まれ、ミネソタ大学で文学士、アイオワ大学で美術学修士の学位を取得。編集職などを経て、いくつかの大学で教職に就き、ミネソタ大学でも教授として英語を教えた。回想録の評価が高い。

＊6　一九五〇～二〇〇六年。アメリカの劇作家。トニー賞、ピューリッツァー賞など多くの賞を受賞。フェミニズム、家族問題、民族問題などを扱う作品が多い。二〇〇五年末に入院し、翌月に死亡。彼女の死を悼み、功績を讃えるため、ブロードウェイの明かりが消された。

＊7　劇中の主要登場人物である学生の通称。同姓同名の親族が既に二人いる場合、「第三の」の意で氏名の最後につける言葉。

＊8　演劇の原題は *Doubt: A Parable*（「疑惑――ある寓話」）で、日本では『ダウト　疑いをめぐる寓話』として紹介されている。

同様に映画版の原題は*Doubt*で、日本では『ダウト——あるカトリック学校で』として二〇〇九年に公開された。

＊9　ニューヨークのブロンクス区出身の劇作家、脚本家、映画監督。一九八七年の*Moonstruck*（『月の輝く夜に』）によるアカデミー脚本賞、全米脚本家組合賞最優秀脚本賞を始めとする著名な賞を受賞。二〇〇四年、ブロンクス・ウォーク・オブ・フェイムにその名を刻まれる。

＊10　藤本周一教授による「John Keats: "Negative Capability" の『訳語』をめぐる概念の検証」（『大阪経大論集』第五五巻第六号・二〇〇五年三月）で言及されているように、現在でも定訳はない。「答えのなさを受け入れる力」は、訳者による。

＊11　一七九五〜一八二一年。イギリスのロマン派詩人として名高い。短命ながらシェークスピアに並ぶとも言われる詩業を樹立した。肺結核治療のために、イタリアに転地して客死。

＊12　集団精神療法の先駆者の一人。現在の自己の判断や選択を重視する、実存主義心理学の立場を取る。そうした主題を扱う作家としても、四冊の小説を含め、十冊以上の著作がある。

第9章

＊1　アメリカの男女同権論者であり、教育者、哲学者としても活躍。学者として活動を始める前に、小学校と高校で合わせて十七年間、数学教師を務める。十人の子の母でもあり、教師生活と家庭生活が後の研究にも生かされた。

監訳者紹介

和田　秀樹（わだ　ひでき）

1960年　大阪府生まれ
1985年　東京大学医学部卒
　　　　東京大学医学部付属病院精神神経科助手，米国カール・メニンガー精神医学学校国際フェローを経て，
現　在　精神科医。国際医療福祉大学大学院教授（臨床心理学）。和田秀樹こころと体のクリニック院長。一橋大学経済学部非常勤講師。川崎幸病院精神科顧問。
著　書　『「うつ」だと感じたら他人に甘えなさい』2014，『老人性うつ』2012，『「がまん」するから老化する』2011　以上PHP研究所。『「あれこれ考えて動けない」をやめる9つの習慣』大和書房　2009，『テレビの大罪』新潮社　2010，『人生を狂わせずに親の「老い」とつき合う』講談社　2012，『心と向き合う　臨床心理学』朝日新聞出版　2012，『痛快！　心理学入門編／実践編』集英社　2007，『〈自己愛〉の構造』講談社　1999，他多数。
訳　書　トマス・オグデン『「あいだ」の空間』新評論　1996，ロバート・ストロロウ『トラウマの精神分析』岩崎学術出版社　2009。

訳者紹介

森村　里美（もりむら　さとみ）

1962年生まれ
1986年　東京外国語大学外国語学部ロシア語学科卒業
現　在　翻訳家
訳　書　クリス・ワイドナー『1日で人は変われる！』講談社　2007，T・バトラー・ボードン『世界の自己啓発50の名著』ディスカヴァー・トゥエンティワン　2005

ポーリン・ボス著
認知症《にんちしょう》の人《ひと》を愛《あい》すること
——曖昧《あいまい》な喪失《そうしつ》と悲《かな》しみに立《た》ち向《む》かうために

2014年５月15日　第１刷発行

監訳者　和田秀樹
発行者　柴田敏樹
印刷者　田中雅博

発行所　株式会社　誠信書房
〠112-0012　東京都文京区大塚 3-20-6
電話　03 (3946) 5666
http://www.seishinshobo.co.jp/

創栄図書印刷　協栄製本　落丁・乱丁本はお取り替えいたします
検印省略　無断で本書の一部または全部の複写・複製を禁じます

ISBN978-4-414-41455-4 C3011